JN169439

絆って言うな！

東日本大震災——復興しつつある現場から見えてきたもの

渋井哲也

皓星社

絆って言うな！　目次

第6章　エゴ、震災、そして絆　181

本書に登場する主な被災地

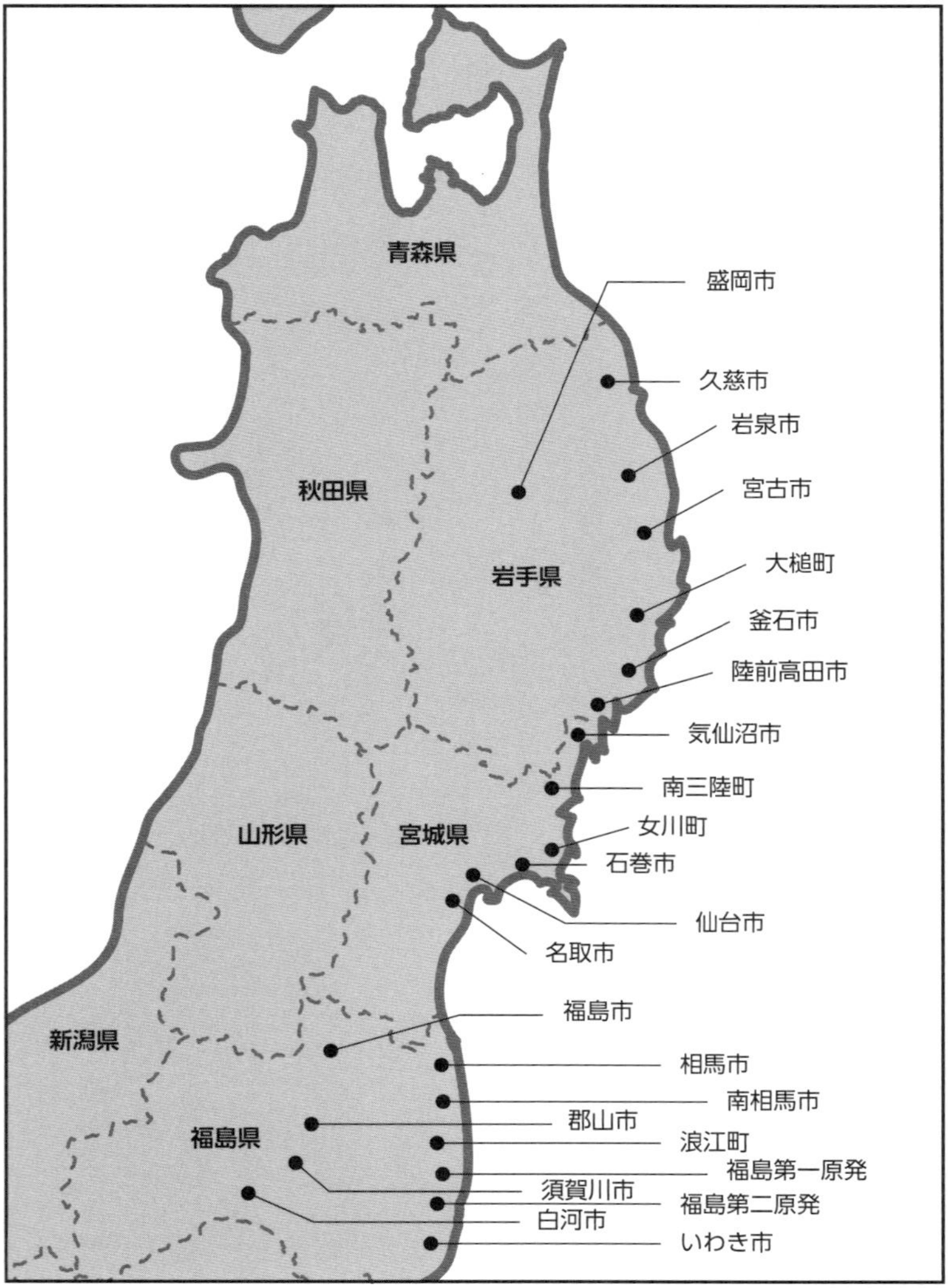

はじめに

「絆」。

二〇一一年三月一一日の東日本大震災以降、この言葉をどれだけ耳にしただろうか。私自身も会話のなかで使っていたし、原稿でも書いたことがある。何よりも、震災後に出した共著本のタイトルは『三・一一　絆のメッセージ』（東京書店）だった。

イメージとしての「絆」は、人と人とをつなぐ大切な縁のようなもの、すなわち人と人との「つながり」の意味として使われていたように思う。しかし、福島県内で東京電力・福島第一原子力発電所（以下、東京電力は東電、福島第一原子力発電所は福島第一）の事故による避難生活を取材していたとき、ある男性からこう言われた。

「絆、絆っていうけど、俺はこの言葉が嫌いなんだ」

メモをしている私の手が、一瞬止まった。ふと、「絆って、嫌われるような言葉だったのだろうか」と考えた。私が不思議そうにしていると、男性は続けた。

「絆って、どんな意味かわかるのか？」

そう問われると、私も自信がなくなった。

「もともとは、家畜なんかをつないでおく綱のことなんだよ。俺たちは、つながれている家畜同然ってことなのか」

そんな意味だったのか……。私は何となく、人と人とのつながりを示す言葉だと思っていた。「絆」という言葉が内包する意味を考えずに使っていたのだ。

辞書で意味を見てみよう。『大辞泉』（小学館）によると、

1　人と人との断つことのできないつながり。離れがたい結びつき。「夫婦の――」
2　馬などの動物をつないでおく綱。

とある。

つまり、「絆」は「犬や馬などの動物を繋ぎとめておく綱」のことを言い、平安中期の辞書『和名抄』でもその意味で使われている。「絆」は、離れないよう繋ぎとめる綱の意味が転じて、家族や友人など、人と人を離れがたくしている結びつきに変化した、と言われているのだ。

「家畜同然」と男性が言ったのは、「絆」という言葉の由来を前提にした発言だった。語源によれば、「絆」というのは生活する上で必要なものだったのだろう。それをふまえても、何か一方的なもののようにも思えた。もちろん、この意味で「絆」を使っている人はあまりいないだろうが、なぜか気になっていた。

東日本大震災のとき、東電や東北電力、関西電力、九州電力の管内では輪番停電がおこなわれた。震災によって原発や火力発電所、水力発電所などの発電施設や変電所、送電設備に被害があり、電力不足が心配された。そのため、地域ごとに計画して停電をおこなったのだ。震災当初、被災地の取材から東京に戻ると、夜の町が真っ暗だったことを憶えている。

この輪番停電について、インターネットを中心に、アニメ「新世紀エヴァンゲリオン」での「ヤシマ作戦」に見立てる人もいた。ヤシマ作戦とは、正体不明の「使徒」(人類の敵として現れる生物)を攻撃する際、武器に電力を集めるため、一時的に日本中を停電にさせた作戦名だ。使徒を長距離砲で攻撃するために、それだけ多くのエネルギーが必要だった。

このとき、主人公の碇《いかり》シンジとヒロインの綾波《あやなみ》レイが次のように会話している。一度、使従に破れ、怪我を負ったシンジが、再び戦闘に参加する前の会話だ。

シンジ「綾波はなぜエヴァに乗るの?」
レ　イ「絆だから」
シンジ「絆?」
レ　イ「そう。絆」
シンジ「お父さんとの?」
レ　イ「みんなとの」

この会話での「絆」をよい意味での「つながり」だと思っていると、レイは周囲との関係性を望んでいるように思える。私は何度もこのアニメを見ているが、このシーンについて、つねに「人と人との断つことのできないつながり」として「絆」という言葉が使われている、と捉えていた。そう解釈すると、コミュニケーションが苦手なレイの本心は、周囲とつながっていたい、という意味になる。

しかし、アニメを見る限りでは、レイが周囲との関係性を積極的に望んでいるシーンはほとんどない。むしろ、レイはいつも孤立している。一人でいることが多い。そして、レイは自由意志で生活を送っていない。はじめから与えられた役割のなかでしか、位置付けられていない。

だとすれば、レイのいう「絆」とは、「動物をつないでいおく綱」と考えることができる。レイは、まるで「つながれた」動物であるかのようだ。いわば、「絆」が手かせや足かせだと読める。そう読むと、レイが「絆」によって運命付けられた存在のようにも見える。

前出の男性から「絆」の意味を聞かされてから、震災の記事を書くときに、この「絆」という言葉を私は意識的に使わないようにしている。「絆」を使うことで、被災地外の人が思う「こうあってほしい被災者」のイメージが固定化されてしまうのではないかと思うからだ。

また、東京の目線で「被災地像」「被災者像」が語られ、作られてしまうという違和感を抱いていた私にとって、「絆」が「動物をつないでおく綱」であることを知ることにより、その違和感の正体を見つけたように思えた。

むろん、人が人を助けようとする気持ちは、否定されるべきではないだろう。「困ったときはお互いさま」であり、「情けは人のためならず」でもある。他者を助けようとする気持ちは、いずれ自分に返ってきて、困ったときに助けられる。

助け合いの恩返しといえば、長野県王滝村《おうたきむら》を思い出す。一九九五年一月一七日、兵庫県南部地震が起きた。いわゆる阪神淡路《はんしんあわじ》大震災だ。このとき、王滝村の人たちは、積極的に被災地で支援活動をした。王滝村は、八四年九月一四日に起きた長野県西部地震での被災地だった。このとき、全国から支援の手が届いた。それ以後、どこかで災害があった場合、村をあげて支援をしている。こうした助け合いは、まさに回りまわって自分のところに戻ってくる。

二〇一四年九月二七日、御嶽山《おんたけさん》が噴火して四七人が亡くなった。このときも全国から支援が入った。被災地同士のつながりが活《い》きた。

しかし、震災などが発生すると、人々が助け合う半面、人々の見たくない部分を目にすることになる。私が東日本大震災を取材するために東京を離れたのは、震災から四日後の三月一五日だった。震災後の四日間だけでも実感したのは、スーパーやコンビニで食料品や電池を買い占めする人たちがいるなど、人々のエゴであった。その一方で、「絆」が連呼される。「いったい、東京ってどんなところなんだ」と思った。

私の、災害取材の原点は、阪神淡路大震災だ。新聞記者を始めたばかりのときに、震災が起きた。もともと神戸は好きな街だったので、何度も訪れていた。私は、長野県木曽《きそ》地方の山の中で新聞記者をしていた。好きな街が炎に包まれているのをテレビで見た。休暇を取って神戸《こうべ》に出向き、取材をした。

また、九八年八月の那須《なす》水害も忘れられない。実家の近くで発生した災害だったからだ。栃木県北部を中心に大雨が襲った。余笹川《よささがわ》や黒川《くろかわ》、四ツ川《よかわ》、三蔵川《みくらがわ》が氾濫《はんらん》した。そのとき流域では、産業廃棄物の不法投棄があらわになった。なかには医療廃棄物もあった。

北関東とは、東京の人たちにとっての「ゴミ捨て場」なのだと思った。東京が排出するゴミは回収の限界を超えており、北関東が産業廃棄物処理場というゴミ捨て場にならざるをえなかった。北関東は、いわば産廃銀座だ。

その後もゴミ問題は放置され続けた。その結果、産廃銀座は北関東を超えて、福島県相馬《そうま》地方に及んでいた。その産廃処理場反対運動で名を上げ、市長選に立ち、一〇年一月、当選したのが南相馬市長の桜井氏だった。原発災害でいまなお苦しんでいる地域だが、東京が引き受けるべき迷惑施設を請け負った地域であったとも言える。そうした過去を無視して、自分らとの「絆」をと東京の人たちに言われるのは、対等な立場での「つながり」とは言えない。

東日本大震災では、「絆」というマジック・ワードを使うことにより、東京の人たちが勝手に考え、押し付ける「支援」や「被災者」のイメージができてしまったのではないか。

本書では、五年間の現地取材を元に、東日本大震災を振り返りつつ、「絆」の意味を問い直してみようと思う。

なお、本書に登場する人物の年齢は、すべて東日本大震災が発生した日のものに統一した。

第1章 被災者とは誰のことなのか？

〈第1章扉　写真〉
津波にのまれた宮城県東松島市野蒜の特別養護老人ホーム「不老園」。入所者56人、職員1人が亡くなった。庭には流された車いすがあった（2011年5月1日撮影）

被災地とはどこなのか？

東日本大震災の「被災地」と言うと、岩手県と宮城県、そして福島県、いわゆる「被災三県」を思い浮かべる人が多いだろう。報道されるのは被災三県が中心のため、他の〝被災地〟の情報は、ほぼ伝えられない。

被災三県は、すべての市町村で災害救助法が適用された。防災は原則、市区町村が担う。一方、同法が適用される大災害では、都道府県が復旧の費用を負担し、その財政力に応じて国も支援する。そして、被災三県以外では、青森県（一市一町）、茨城県（二八市七町二村）、栃木県（一五市町）、千葉県（六市一区一町）、東京都（四七区市町）、新潟県（二市一町、長野県北部地震で適用）、長野県（一村、同）にも同法が適用されている。

ただし、東日本大震災では壊滅的な被害が出たために、国が特別の財政援助をする「激甚災害法（激甚災害に対処するための特別の財政援助等に関する法律）」により、被災三県は激甚災害の指定もされた。

震災から八日後の二〇一一年三月一九日、私は千葉県旭《あさひ》市《し》飯岡《いいおか》地区《ちく》に入った。飯岡地区は当時、首都圏から電車で行ける唯一の津波被災地であった。ＪＲ東北本線は三月一五日に宇都宮《うつのみや》駅まで開通したが、それ以北にはしばらく電車ではいけない状況が続く。他のマスコミ関係者の多くは、レンタカーで東北に行こうとしていた。よって、レンタカーは貸し出し済みが多く、ガソリンの確保も不安だ。このタイミングで東北の被災地に行くのは難しいと判断した。

ＪＲ総武本線の旭駅に着くと、駅前からタクシーに乗る。国道一二六号線を飯岡漁港に向かうと、風景が一変した。初めて見る津波被災に、驚きを隠せなかった。旭市では死者が一二人と伝えられていた。だが、東北の被災地の方が報道する価値が高いと思われたのか、取材陣はさほど多くなかった。

一九九五年一月の兵庫県南部地震では、震災の名称を「阪神淡路大震災」として、淡路島の被害も考慮していた。「東日本大震災」も、東京が揺れたことで、一時期まで関東にも被災地のイメージがあった。しかし、しばらくすると東北の被災三県が報道の中心となっていく。

震災当初、旭市にはボランティアがたくさん来ていた。いても立ってもいられない人たちがいたのだろう。報道されない被災地であったが、首都圏も大きく揺れたため、多くの人が被災の感覚を共有した。旭市災害ボランティアセンター（二〇一一年三月一六日から三一日まで活動）によると、私が訪れた一九日は週末ともあって、ボランティアの人数は一二〇八人、翌二〇日は一九七二人だった。ボランティアが一〇〇〇人を超えたのは、この二日間だけ。

人数だけいても仕方がない。ある小学生がぶらぶら歩いているので、

「何をしているのか？」

と聞いてみた。

「（復旧に）必要なことを聞いている」

小学生は、被災者や被災地にいま何が必要なのかを調査する「ニーズ調査」に参加していたが、「や

ることがない」と疲れた表情で言っていた。ニーズの把握は、被災者の話を聞くだけでは難しい。普通に聞くと、「(助けは) 必要ない」と言う人も多い。専門的な判断も求められる。そうした調査を小学生がするくらい人手不足だったのだろうか。それとも、小学生ができるボランティアとして、力仕事ではないという意味でのニーズ調査の役割しかなかったのか。

そもそも、その小学生はみずからが「ボランティアに来たい」と思っていたのだろうか。あるいは、被災地の人々と「つながりたい」気持ちがあったのだろうか。聞いてみると、「お父さんが行こうと言うので来ただけ」とのこと。親が子どもにボランティアのきっかけを与えるのはよい。とはいえ、小学生のボランティアが被災者に〝善意〟を押し付けなければいいな、と感じた。

津波の打撃を受けた地域で、瓦礫《がれき》の片付けをしている男性に出会った。その男性は二階の部屋を指し、「あそこまで津波が来たんだ」と言いつつ、こう語った。

「通常なら新聞の一面トップになってもいいような被害だ。でも、東北の被災よりまだマシじゃないか。北はもっとひどいはずだ」

旭市の被害は、歴史に残るようなものだ。津波で一二人も亡くなった。しかし、その実態は世間に伝わっていない。まったく報じられていないわけではないが、それ以上に東北の被災地の被害が大きく、報道陣は死者の数が多い地域に流れていく。ボランティアの数が減るのと同時に、被害も忘れられていく。

震災当初、被災地としての旭市については、私の周囲での会話に登場していた。知人の実家が近かったこともある。私が取材に行ったこともあるだろう。だが、半年が過ぎると、旭市のことは会話には出ない。今となっては、旭市のことを話題にするのは、取材をしたことがある人だけになってしまった。

メジャー被災地とマイナー被災地

東日本大震災は被災範囲が広い。被災した全てのエリアを、マスコミが同程度にカバーすること自体は難しくない。だが、ニュースとなるのは被害がわかりやすい地域である。視聴率を稼ぐことができて、読者が求めるニュースを提供できるからだ。結果として、被災した自治体の間に報道格差が生まれる。

民間の調査会社であるサーベイリサーチセンターと東日本放送が、宮城県沿岸部の東日本大震災避難所（一八カ所）で、二〇歳以上の被災者四五一人に個別面接調査をした。その結果、震災報道に関する問題点で「報道に取り上げられる場所と取り上げられない場所がある」と答えた人が、全体の四七％だった。とくに宮城県名取市《なとりし》では六二％と高い数字を示した。これは、いわゆるメジャー被災地とマイナー被災地の問題だ。

メディア論の研究者である松山秀明《まつやまひであき》氏の「テレビが描いた震災地図」（丹羽善之・藤田真文編『メディアが震えた』東京大学出版会）によると、二〇一一年三月一一日から一二年三月一一日までの一年間で、ＮＨＫと在京キー局で発表された数（報道出現回数）が最も多かった被災地は仙台市《せんだいし》（三五八七回）で、石巻市《いしのまきし》（三五三九回）、南三陸町《みなみさんりくちょう》（二七二九回）、気仙沼市《けせんぬまし》（二四一四回）、陸前高田市《りくぜんたかたし》（二三八四回）、南相馬市（二一九二回）、いわき市《し》（二一一二回）と続く。

社会学者の開沼博《かいぬまひろし》氏は、こうした報道出現回数を一つの基準に、「ブランド被災地」という言葉を使う。名取市（六四三回）でも閖上地区《ゆりあげちく》の被害が大きかったために、報道が集中した。ブランド被災地のよい事例である。また、町防災庁舎ものみ込まれた南三陸町は、一時孤立はしたものの、避難を呼びかけた職員が津波で亡くなったことで、報道出現回数が多かった。情報を発信しやすい避難所があったのも、報道出現回数が多かった理由であろう。

仙台市内のある避難所では、取材上のトラブルがあり、避難所となった体育館に「取材は禁止」「カメラは禁止」という紙が貼られていた。一度、取材が禁止されると、避難所では一律の対応をとらざるをえない。被災者の心理状態が不安定ななか、「あの記者はよいが、この記者はダメ」という個別対応はできない。ただし、仙台市の場合は、東北の拠点で人口が多く、避難所もたくさんあったため、取材が途絶えることはなかった。

「報道に取り上げられる場所と取り上げられない場所がある」と被災者が問題にするのは、救援物資が自分らに届くかどうかと直結する問題だからである。報道で地名や避難所名が流れれば、応援したいと思っている人の思いもそこに導かれ、結果として救援物資の格差や不均衡が起きる。

被災者を分断する支援

被災自治体でも、地域によって「被災」意識が違っている。東日本大震災は複合的な災害だ。そのため、地震を体験しただけの場合、被災者意識はそれほど高くない。たとえば、震災時、東京都で地震の揺れを体験した人で「私も都内で被災した」と言う人は多くない。私自身、新宿区内で地震を体験したが、被災者意識はない。しかし、地震によって自宅が崩壊した場合、被災した人は「被災した」と言うし、そう言う人を誰がとがめるわけでもない。

福島県須賀川市《すかがわし》滝地区《たきちく》では、地震のあとに濁流が押し寄せた。同市は、海に面していない。にもかかわらず、濁流という〝津波〟に襲われたのだ。滝地区から八〇〇メートル離れた藤沼《ふじぬま》貯水池が地震で崩壊したのが原因であった。

震災から一年前の二〇一〇年三月一一日、農林水産省が同貯水池を「ため池一〇〇選」として選んでいた。崩壊したことによって同貯水池は、死者七人、行方不明一人、住宅の全壊・流出二戸、床上・床下浸水六二戸を出す〝加害施設〟となってしまった。

内陸部の被害で言えば、福島県白河市《しらかわし》の葉ノ木平地区《はのきだいらちく》では大規模な土砂崩れが起き、死者一三人を出した。震災後、二一〇世帯のうち、約三〇世帯の家屋が壊れてなくなった。郡山市《こおりやまし》でも家屋倒壊により、一人が亡くなった。このように内陸部にも震災の被害が及んでいるものの、津波被害に圧倒されてしまい、報道される機会は限られていた。

そして、被災地報道の格差が指摘されるなか、津波被災地では被災者の「分断」が起きていた。被災地に住んでいれば、みんな「被災者」と思われている。しかし、行政が被災者に貸与する「応急仮設住宅」や行政が賃貸住宅を借り上げて貸与する「みなし仮設住宅」に住んでいないと、被災地で暮らす人々から被災者として扱われない。

被災地内では、「どこからどこまでが被災の対象なのか？」という線引きが、その後の生活に関わってくる。仮設住宅は、災害救助法によって一定の条件で被災者に提供されることが決められている。津波被災地のある地域では、八～九割の住宅が流出したと判断された。「災害救助法による救助の程度、方法及び期間並びに実費弁償の基準」によると、「応急仮設住宅」に入れる人は「住家が全壊、全焼又は流失し、居住する住家がない者であって、自らの資力では住家をえることができない者であること」となっている。

津波による被害を判断するのは、被災自治体だ。程度によって「全壊」か「半壊」、「一部損壊」などと判断する。その判断の仕方には、自治体によって差があるのではないか。取材していると、そう思うことがある。私には、被災自治体がどれだけ被災者に寄り添う気持ちがあるのかという主観的な問題が、その差を生み出している気がしてならない。

基準に沿った客観的な判断も大切だ。とはいえ、被災した家屋や人だけを見るのではなく、その人がよって立つコミュニティがどうなっているのかも、しっかり見てほしいと思った。

岩手県釜石《かまいし》市《し》両石《りょういし》地区《ちく》では、地域のほとんどの住宅が津波で流出した。ある男性（七五）の自宅は高台にあったため、津波被害からは逃れることができた。地区内のほとんどが津波で流出し、無事だった家屋は男性の近辺の家だけだ。震災から数日間は公的な救助がなく、男性らが中心となって津波被災者を手助けした。だが、男性宅の周辺には市が指定する避難所がないため、被災者への救援はすべて自費でおこなわれた。

その後、被災者たちは避難所に移動した。男性ら高台に残った人はわずかだったため、コミュニティが成り立たない。人間関係が断絶し、相互支援などが望めない。コミュニティが成り立たないことは、被災したことと同義であろう。しかし、男性宅は法的には、自宅が一部損壊でさえないために、「被災者」扱いされない。

生活が立ち行かないため、男性は何度も市側と交渉した。その結果、仮設住宅に入居することができた。法的根拠は、「東日本大震災に係る災害救助法の弾力運用について」という以下の通知だ。

（一）「居住する住家がない」ことについて

……住家について直接被害がなくても、市町村長の避難指示等を受けた場合など、長期にわたり自らの住家に居住できない場合には、全壊等により居住する住家が喪失した場合と同等とみなすことができること。

この通知が出たことで、住宅などに直接的な被害がなくても、応急仮設住宅に入れるようになった。ただし、男性は法的に「被災者」と見なされたわけではない。そのため、義援金の支給対象にはならない。多くの人が、「絆」をかけ声にして〝被災者のために義援金を送ろう〟と行政などに寄付をしたことだろう。でも、その寄付は、行政によって「被災者」と見なされないこの男性の手には渡らない。

また、仮設住宅に入るときには、日本赤十字からテレビや冷蔵庫、洗濯機、電子レンジ、炊飯器、電気ポットの六点セットが必ず支給される。この男性は、やはり「被災者」でないために、六点セットを受け取れなかった。日本赤十字広報室によると、義援金や六点セットの支給基準は、市町村の審査によって決められるものであり、それらが誰に支給されるのかは「あくまでも市町村の判断」だと言う。

義援金の主な使い道は、家の建て直しや修繕だろう。とはいえ、通常の生活を送れない人々に対する見舞金という使い道もある。また、六点セットが元の家にあるからといって、仮設住宅に入る必要のある人が、わざわざ元の家からそれらを持ってくるというのもおかしな話である。

こうしたことを考えれば、六点セットや義援金の支給に関して、行政はもっと弾力的な運用ができたはずだ。もちろん、男性の手元に義援金が渡れば、似たようなケースの人にも同じ対応をしなければならなくなる。義援金の対象者が増え、一人当たりの支給額が減ってしまう可能性もある。ただ、津波被災から復旧・復興へと共に歩んでいる市民として、被災者も、被災者と見なされなかった男性も、同じではないかと思う。

このように支援物資や義援金には、被災者間を「分断」する要素が含まれていたのだった。

遺族とは誰のことを指すのか

では、遺族とは、いったい誰のことを指すのであろうか？

東日本大震災の避難行動について、行政による検証がおこなわれている。とくに公共施設で亡くなった人々の避難行動については、誰がどの部屋に避難し、どこで遺体が見つかったのか、なぜその施設に避難したのか、その施設は安全な避難所だったのか、といったことまで検証され、公表される。こうした調査の情報は、個別に遺族らに対して連絡がある。

釜石市は、二〇〇人以上の死者を出した「鵜住居地区《うのすまいちく》防災センター」の避難行動について、市の調査委員会による検証報告書としてまとめた。生存者や周囲の人たちへの聞き取りから、避難行動を調べた。このとき、「遺族連絡会」が調査に協力している。

遺族連絡会は、同センターで亡くなった人の遺族の一部で、市との窓口ともなったが、遺族のすべてを代表している組織ではない。いわば「遺族有志」だ。また、検証作業は周辺住民のみを対象にした。同センター内で働く市の職員やセンター内に設置されていた消防署員、隣接していた鵜住居幼稚園の職員は検証の対象外である。ちなみに、別の地区の住民が同センターに避難して亡くなっているが、その住民の避難行動も記載されていない。

幼稚園職員の避難行動は、管轄している市教育委員会が検証していたことがのちにわかる。生存者から聞き取ったものだが、積極的な公表はしていなかった。亡くなった職員の夫と両親がかけあって、ようやくどのように避難したのかがわかる。

両親からすると、娘が亡くなったというのに、どうして市側から積極的に連絡をもらえなかったのかが疑問だった。市に問い合わせると、こう答えたそうだ。

「あなたは遺族ではないから」

両親はあっけにとられた。娘は結婚をしているので、一義的には配偶者、つまり夫が「遺族」となる。説明が行き届かなかった理由には、連絡の行き違いもある。震災時の初動にはありがちなことで仕方がないとは思うが、時間が経っても十分な説明はなかったし、夫にも連絡がなかった。

そもそも「遺族」とは誰なのか。市側は両親に対して、こうも言ったという。

「遺族とは、弔慰金《ちょういきん》をもらう対象者のことです」

災害によって「弔慰金をもらう人」は、「災害弔慰金の支給等に関する法律」で次のように定められている。

死亡した者の死亡当時における配偶者（婚姻の届出をしていないが事実上婚姻関係と同様の事情にあつた者を含み、離婚の届出をしていないが事実上離婚したと同様の事情にあつた者を除く。）、子、父母、孫及び祖父母並びに兄弟姉妹（死亡した者の死亡当時その者と同居し、又は生計を同じくしていた者に限る。以下この項において同じ。）の範囲とする。ただし、兄弟姉妹にあつては、当該配偶者、子、父母、孫又は祖父母のいずれもが存しない場合に限る。

つまり、この法律で「遺族」というのは配偶者であり、この両親のように「父母」の場合は「生計を同じくしていた者に限る」となっている。亡くなった娘は、両親と同居していなかった。

たしかに法律ではそうかもしれない。ただ、それは弔慰金の支給対象を決めるに当たっての「遺族」の話だ。娘を亡くした親の感情を考えず、杓子定規《しゃくしじょうぎ》に「遺族」を定義付けた市側の対応は、納得できるものではない。

仕事をしない人は「ねたきり」？

「この避難所に寝たきりのお年寄りはいますか?」

震災当初、私が避難所でよくしていた質問だ。というのも、津波被害では被災した福祉施設が多かったからだ。また、取材するなかで、避難生活によって身体機能が低下し、寝たきりの状態が続いていたり、認知症だと思われるお年寄りを見かけた。

自治体では平常時から「福祉避難所」を指定している。厚生労働省によると、福祉避難所とは「既存の建物を活用し、介護の必要な高齢者や障害者など一般の避難所では生活に支障を来す人に対して、ケアが行われるほか、要援護者に配慮したポータブルトイレ、手すりや仮設スロープなどバリアフリー化が図られた避難所のこと」（厚生労働省「福祉避難所指定状況調査結果」二〇一二年九月）である。

福祉避難所は、阪神淡路大震災をきっかけにその必要性が叫ばれた。開設されるのは、原則として災害発生から七日間。延長は最小限にとどめられる。最初に開設されたのは二〇〇七年の能登《のと》半島地震で、翌年、福祉避難所に関するガイドラインが出された。

同調査結果によると、被災した一七四二市区町村のうち、九八一市区町村が福祉避難所を指定している。指定率は五六・三％だ。東日本大震災があった年度末（前回調査）では四一・六％だった。そこから比べれば、一五ポイントほど上昇した。このうち、市レベルでは、七八七市のうち五一五市が指定している（指定率は六五・四％）。

東京二三区ではすべて指定（同一〇〇％）。一方、全国の町村では指定率は低い。町では七四八のうち、三六七町が指定（同四九・一％）、村では一八四のうち七六村が指定（四一・三％）と、過半数を割っている。さらには指定・提携済みの九八一市町村のうち、約六割の六一〇市町村が、福祉避難所の追加指定を検討している。未指定の七六一市町村でも、検討中は七〇一市町村。指定の予定がないのは六〇市町村だ。福祉避難所として適切な施設がないことなどが理由になっている。

震災発生時、宮城県石巻市では、福祉避難所の指定が「ゼロ」だった。当時の市障害福祉課の担当者によると、石巻市では、市立病院と石巻日本赤十字病院（石巻日赤）が拠点となり、福祉避難所が必要ないと想定されていた。支援が必要な人たちが何日も避難所で生活するよりは、病院で過ごす方がよいと考えたことは一定の理解ができる。

しかし、東日本大震災では、拠点の一つ、市立病院が津波にのまれ、石巻日赤が中心となって災害対応をせざるをえなかった。福祉の支援が必要な人は、医療のなかでは緊急性が低く、病院に運ばれることが優先事項ではなくなった。運ばれたとしても、別の避難所、「遊楽館《ゆうがくかん》」に集められた。

ただ、「遊楽館」は、文化ホールや体育施設、図書館がある複合施設で、要支援者のための避難所として整備が進められていたわけではない。ベッドやポータブルトイレの用意もない。当初は一般の避難者もいたため、要支援者と一般の避難者が混在し、要支援者への十分なサポートができず、感染症対策も不十分だったとの指摘もされていた。

お年寄りだけでなく、障害者の避難生活における介護や医療的な支援のフォローに関しても、各自治体は対応に手間取った。こうした災害弱者への対応は、自治体の能力によって左右された。私は、この点に関心があったために、前出の「この避難所に寝たきりのお年寄りはいますか?」という質問を各地で繰り返した。

二〇一一年四月頃、岩手県沿岸部の小学校体育館に設置された避難所で運営者が、「いっぱい、いますよ」と言って、避難所になっている体育館内を指差した。見渡してみると、いわゆる寝たきりの高齢者は見当たらなかった。どこにいるのだろう? どこか特別な部屋を用意しているのだろうか?

そこで、もう一度、質問をした。

「どこに、寝たきりのお年寄りがいるんでしょうか?」

運営者は、こう説明した。

「俺たちは、避難生活で何もしない連中を〝ねたきり〟と呼んで、他の被災者と区別してる。炊き出しも掃除も、何もしないんだぜ。それじゃ、寝たきりの高齢者と同じじゃねえか」

この避難所では「仕事をしていない人」を〝ねたきり〟と呼んでいたのだ。長期にわたる避難生活では、絶え間なく物資が届き、支援のボランティアが来るために、一部の被災者のいわゆる「怠け」が問題になった時期があった。

別の人に話を聞くと、被災前から地域コミュニティの仕事に入り込めない人たちがいて、そうした人には災害時に仕事が回されないので、このように〝ねたきり〟と評価されてしまう。日常的な排除の論理が、震災後の非日常にも影響を及ぼしているように見えた。

「濡れ組」と「乾き組」

「濡れ組」と「乾き組」。こんな言葉を聞いた。岩手県の話だ。

初期の避難生活では、地域によって、津波による被災者と地震のみの被災者との格差もあった。沿岸からやや離れた地域の避難所には、地震の恐怖に怯えた被災者が集まっていた。停電になり、雪も降っていた。避難所は寒かったが、ストーブがあった避難所では暖《だん》をとれていた。そこに、あとから津波にのまれた被災者がやってきた。沿岸地域の避難所は津波で使えないため、内陸部の避難所にやって来たのだ。彼らはずぶ濡れで、津波に混じったヘドロによって、異臭を放っていた。

それを見た地震被害のみの被災者は、どのように対処したのか。雪が降るなかでの津波被害だ。津波の被災者たちは、凍えてしまうほどの寒さを感じていた。彼らを見たら、たとえ割り当てられた避難所ではないものの、暖をとらせるだろうと私は思っていた。

ところが、その避難所では津波被災者を排除し、寒い入り口付近に追いやったり、場合によっては避難所そのものへの立ち入りをできないようにした。被災直後のパニック状態のなか、地震被害のみの被災者にとって、津波被災者の姿は「異様」に映ったのかもしれない。だからといって、自分たちよりも寒さを感じている人たちを冷遇していいわけではない。こうした排除があったため、ある人は津波被災者を「濡れ組」と呼び、地震のみの被災者を「乾き組」と呼んで、両者を区別した。

「濡れ組は、乾き組に対する恨みがあると思う。この恨みは一生消えない」

多くのメディアでは、被災者同士が助け合っているという前提で報道していた。内陸部の人たちが津波被災エリアの人たちをサポートしていた、という話は美談として、テレビや新聞で伝えられる。私も、そういう助け合いの話はよく聞いた。しかし、被災者間の排除については報道されない。

避難所における被災者の待遇格差は、岩手県だけの話ではない。宮城県石巻市では、津波がやってきたため、指定された避難所に逃げ込もうとした女性がいた。しかし、その避難所の運営者を名乗る男が、「ここはこの地域の避難所だ。許可した者以外は入れない」と言い出した。その女性は、「私は、ここの地域の者です」と言ったが、「ダメだ。私が認めない」の一点張りだった。

運営者を名乗る男は、その地域の住民ではない。震災直後の段階で、たまたまその避難所にたどり着いた者であった。他の地域の住民でありながら、「この地域の避難所だ」とあたかも自分がこの地域に暮らしているかのように振る舞い、本来は収容されるべき住民を追い出してしまったのだ。なぜそんなことになったのか。

定員がオーバーし、面倒が見切れなかったのだろうか。しかし、それならそうと説明すればよい。こうした理不尽な排除によって、その女性は避難所を探すことをあきらめ、数日間、瓦礫の街をさまよった。後日、ボランティアの助けで、ほかの避難所に行くことができたという。

福島県でも、避難所で冷遇された被災者がいた。某市の避難所には、市内の住民だけでなく、隣接市町村の住民も収容されていた。しかし、両者には明らかに食糧の配給に差があった。市内の住民には弁当が配られ、その他の住民にはおにぎり一個のときがあったという。不満に思った隣接市町村の住民が理由を聞いたところ、市内の住民から、

「市民は、この市に税金を支払っている。あなたたちは税金を払ってないでしょ?」

と言われてしまった。

しかしながら、この対応はまだ「まし」な方なのかもしれない。他の市では、「市民の避難所」を理由に、隣接市の市民を避難所から追い出したケースも見られる。

震災直後のような緊急時には、助け合いの意識がいつもより強く生まれるのも事実ではある。だが、

その一方で、日頃は眠っている差別意識や排除の論理が呼び起こされることもある。そのことを今後の災害時の教訓にできればよいのだが……。

震災と自殺

東日本大震災は、東北地方を中心とする震災でありながら、精神的な影響が現れたのは、かならずしも被災地の被災者だけではなかった。阪神淡路大震災や新潟中越地震など〝かつての被災〟を思い出し、フラッシュバックが起きたという人がいる。私が震災後に開設した電子掲示板には、次のような投稿が寄せられた。


阪神被災経験者です。当時、学生で大きな被害はなかったのですが、心から頼れる人がなく、心細かったことを覚えています。また、死を覚悟したことをはっきりと覚えています。

今は東京にいます。小さな余震にも過剰反応してしまいます。頼れる友人もなく、仕事が自宅待機になったため、話し相手もいません。他の人と同じように日常を送りたいのですが、被災後数ヶ月そうだったように、体と心のアラートスイッチがＯＮのままです。

大げさですが、東京脱出も考えてしまいます。過剰反応でしょうか。

過去に経験した揺れ、瓦礫の街、粉塵《ふんじん》が飛び交う風景、長引く避難生活……。そのすべてを思い出してしまったようだ。ほかの地域で起きている地震なのに、余震のたび、または余震の情報をメディアで知るたびに、過去を思い出してしまい眠れない、という話もよく聞いた。

ところで、震災直後、しばらくのあいだ、精神科医や臨床心理士らメンタルケアのスタッフは、被災地の支援に向かった。そのため、被災地以外ではメンタルケアのスタッフが一時、不足しがちになった。「絆」という名のもとに世の中の「支援の目」が被災地に向き、メンタルケアのスタッフが被災地に集中した。結果、被災地以外でメンタルケアを必要とする人たちのなかには、精神的に取り残されていく感覚を覚えた人もいた。

つまり、被災地との「絆」が、被災地以外でサポートを必要とする人たちに不安を与えたことになる。メンタルケアのスタッフが被災地に出向いたことと、被災地外の患者らの精神的不調との関連調査はされていない。しかし、私が日頃取材している「生きづらさ」を抱えている複数の人たちが、「ケアが必要なのは、被災者だけでなく、自分たちもだ」と言っていた。

さて、「サバイバーズ・ギルト（またはサバイバーズ・シェイム）」という言葉をご存じだろうか。サバイバーズ・ギルトとは生き残った者が抱く罪悪感のことを言い、サバイバーズ・シェイムとは生き残った者が生き残ってしまったことを恥としてとらえる概念だ。

東日本大震災で言えば、死者・行方不明者のほとんどは津波が原因によるものだ。そして、被災者がよく話していたのは、「亡くなった人と同じ場所にいたのに、なぜ私は助かったのか?」「津波に流されたが、私だけどうして生き残ったのか?」といった疑問である。これが、亡くなった人たちに対する罪悪感や生き残ってしまった恥という感覚につながっていく。

被災者から聞いた話だが、岩手県陸前高田市では役所が浸水した。行政職員が住民を避難させようと屋上へ導いた。住民は屋上に避難できた。だが、振り返ると、その職員はすでに「海」のなかへ消えていた……。これを見ていた住民のなかには、「なぜ私が助かった?」「なぜ私を助けた?」と考える人もいた。

震災では助かったが、のちの避難生活のなかで命を落とすと「震災関連死」、このうち自殺の場合は「震災関連自殺」と呼ばれる。

内閣府「東日本大震災に関連する自殺の実態把握について」の定義によると、震災に関連した自殺だと判断される基準は、①遺体の発見地が、避難所、仮設住宅又は遺体安置所、②自殺者が避難所又は仮設住宅に居住していた、③自殺者が被災地(東京電力福島第一原子力発電所事故の避難区域、計画的避難区域又は緊急時避難準備区域を含む)から避難してきた者であること、④自殺者の住居(居住地域)、職場等が地震又は津波により甚大な被害を受けたこと、⑤その他、自殺の「原因・動機」が、東日本大震災の直接の影響によるものであること、となっている。

厚生労働省自殺対策推進室の調査(二〇一六年六月末現在)によると、この基準にもとづく震災関連の自殺者は一七三人(男性一一四人、女性五九人)。多い順に、六〇代は三九人、五〇代が三八人、四

○代が二四人、七〇代が二三人、八〇歳以上が二一人、三〇代が一二人、二〇代一二人、二〇歳未満が二人だった。岩手県や宮城県における震災関連の自殺は現在、減少傾向にある。しかし、原発事故のあった福島県では、増減を繰り返している。

宮城県内で、各地の避難所や遺体安置所で行方不明の家族を捜し続けていた男性がいた。当初は、元気な姿を周囲に見せていた。数ヶ月が経ち、ようやく家族全員の遺体を見つけることができ、死亡を確認した。その直後、安置所のトイレで首をつっているのが発見された。

派遣された応援職員が自殺したケースもある。岩手県盛岡市《もりおかし》から陸前高田市に派遣されていた男性職員(当時三五歳)が一二年七月二二日、遠野市内《とおのしない》の路上に止めた自家用車内で首をつっている状態で発見された。同年四月から一年間の予定で派遣されていた。遺書には「希望して被災地に行ったが、役に立てず申し訳ない」という内容が書かれていた。

兵庫県宝塚市《たからづかし》から岩手県大槌町《おおつちちょう》に派遣されていた男性職員(当時四五歳)も自殺した。彼は一二年一〇月から一三年三月末まで派遣される予定だったが、一三年一月三日、居住先の宮古市内の仮設住宅で死亡しているのが発見された。

こうしたニュースが伝えられると、被災地で自殺者が増えているような印象を持つかもしれない。しかし、実際には逆の傾向を示した。震災に関連しない自殺を含む総数も、震災後の増加は見られない。もともと自殺率が高い岩手県を見てみると、震災のあった一一年は自殺者数四〇一人。一四年は自殺者数三七四人。一五年には再び減少に転じ、自殺者数三一三人となっている(警察庁統計による。以下、自殺者数は同統計より)。

最大の被災地だった石巻市。震災から半年が経った九月に自殺が起きた。仮設住宅「開成団地」で、入居者の無職男性(六〇)が亡くなっているのが発見された。死後一週間が経っており、腹部には自ら刃物で刺した傷があった。生活の拠点が避難所から仮設住宅に移動しており、「住環境」という意味では向上していた時期だった。

仮設住宅ではプライベートな空間を確保できるものの、かえって避難所よりも孤立してしまう場合もある。精神的な変調をきたした場合の「SOS」も、仮設住宅、とくに一人暮らしをしていると見えにくい。同じことは、阪神大震災のときも言われていた。

石巻市の自殺者数は、一〇年が四五人、震災のあった一一年が三六人、一二年が三五人、一三年には増加に転じて四二人、一四年は三一人、一五年は二九人となっている。石巻市の場合、震災前の自殺者数が震災後よりも多く、震災が原因で自殺する人が増えているということは、数字の上では言えない。

原発事故のあった福島県の自殺者数は、震災前年が五四〇人、震災のあった一一年が五二五人、一二年が四五三人、一三年が四六六人、一五年は四三六人。被災三県のなかで、福島県は震災関連自殺が高水準だ。一一年は一〇人で他の二県よりも少なかったが、その後も減少せず、一二年には一三人、一三年には二三人、一四年は一五人と減少し、一五年は一九人と増加に転じた。

復興作業に社会の目が向いているのはよいことである。一方で、被災者のメンタルヘルスの部分でのケアがどれだけ注目されているかというと、心許ない。精神的に置いてけぼりになっていると感じたり、何かしらの危機があってもSOSを出し切れなかったり、SOSを出しているつもりでも、周囲で気付いてくれる人がいなかったり……。そう感じている人も少なくないのだ。

復興する被災地で拡大する格差

被災者の孤立への対策は急務だ。たとえば、仮設住宅に入る際、地域ごとにまとまって同じ場所に入居する自治体がある。岩手県宮古《みやこ》市の「グリーンピア三陸みやこ」付近に設けられた仮設住宅には、同市田老《たろう》地区《ちく》の住民たちがまとまって入居していた。同じ町内会の人々がまとまって入居したため、震災前のコミュニティが震災後も継続した。

福島県相馬市の仮設住宅でも、震災前と同じ地域の住民たちがまとまって暮らしていた。相馬市が夕食のおかずを提供していたのだが、住民自ら集会所に食事をとりに行く方式を取っているため、お互いが元気かどうかをチェックできていた。

交流がしやすいようにと、仮設住宅の玄関を対面式にしているところもある。この形式は地域によってニーズが違う。「見られているようで嫌だ」と感じる人もいるため、この形式を採用していない地域も多くある。

このように、被災者が孤立しないための工夫がさまざまなかたちで施されているものの、住居は私的空間のため、どうしても孤独死は生まれる。東北地方のブロック紙「河北新報」は、一人暮らしの住民が遺体で見つかった「孤独死」について、被災三県の各県警への取材をまとめ、震災発生時から一四年四月末の時点で一一二人に達していることを公表した。

同紙によると、一一年は一六人、一二年は三八人、一三年は四一人、一四年は四月末までに一七人の孤独死が発生している。このうちの六二・五%となる七〇人が、六五歳以上の高齢者だ。性別は男性が八一人で、全体の七割以上となっている。県別では宮城が五一人でもっとも多く、福島三五人、岩手二六人と続く。

現在、仮設住宅では震災前のコミュニティが維持されない傾向にある。経済的な余裕のある人が仮設住宅を出ていく一方、余裕のない人や障害のある人が残っているところが多い。そして、取材に行くと、仮設住宅では周囲に住む人たちとのコミュニケーションが活発な人と、そうでない人に二極化している印象を持つことがある。

福島県南相馬市では、市内のいくつかの事業所（新聞販売店やヤクルト販売会社、日本郵便、東北電力、ガス、水道企業団）と警察が、孤独死などを未然に防止するため、「南相馬安心見守りネットワーク」を作った。ある人の安否が三日にわたって確認できない場合、その人の住宅に踏み込むことにしている。

宮城県石巻市では、ある仮設住宅で昨年、六〇代の男性が孤独死をした。市社会福祉協議会の生活支援員が月一回ほど巡回しており、その支援員は自らも被災者である。「私が関わっているあいだは、この仮設住宅から死者を出さない」といっていたが、孤独死での死者が出たことで落胆していた。

岩手県釜石市の仮設住宅でも孤独死があった。津波にのまれながら、やっとの思いで助かった男性だった。だが、精神的に不安定となり、アルコールの摂取量が増えた。生活は乱れ、別居していた家族との関係も悪化。孤独死したものの、一人で仮設に住んでいたために、亡くなったことに気づかれるまで数日かかった。

仮設住宅では、集会場などでお茶のみの時間（お茶っこ）などをしているが、孤独死に陥るような人たちはなかなかそこにやってこない。取材して感じたのは、男性の参加者が少ないことだ。

お茶っこの様子を遠くから眺めていた男性に話を聴いた。「気にはなっていたが、入りづらい」と話していた。参加者や支援者から声をかけられたこともないと言う。「今度はのぞいてみます」と言っていた男性は、お茶っこに参加するようになったのだろうか。

現在は、仮設住宅から復興公営住宅への引っ越しが始まっている。こうして、せっかく築いた地域のコミュニティが壊れていく。被災者の孤立への対策は、今後も続いていくことになろう。

繰り返すが、経済力がある人は自宅を再建をしたり、マンションを購入したり、あるいは被災地外に住むようになったりしている。結果として、高齢者や障害者、生活保護受給者が仮設住宅に残りがちとなっている。

宮城県石巻市北上町十三浜《きたかみちょうじゅうさんはま》の運動施設「にっこりサンパーク」内に作られた仮設住宅団地。津波が上流五〇キロまで遡上したとされている新北上川の右岸にある。当初は一五九世帯、約五〇〇人が住んでいた。震災から五年目を迎える直前、その団地で取材した。すると「(団地の住民の)半分はいなくなっちゃったなあ」と寂しそうに話している人がいた。

取材していた時期に、団地内の集会所で移動傾聴喫茶「カフェ・デ・モンク」が開設された。通大寺《つうだいじ》(宮城県栗原市《くりはらし》)の金田諦応《かねだたいおう》住職が、震災が起きた一一年五月から、瓦礫のなかで始めた活動である。「モンク」は英語で「お坊さん」を意味するが、「被災者の日常の愚痴や文句をお坊さんが聴く」という意味にもなっている。

この日までに、石巻市を中心に二〇〇回以上、「カフェ・デ・モンク」は開設されている。にっこりサンパークでの開設だけでも二〇回になる。私が最初にこの活動を取材したのは、震災から約一ヶ月後、仙台市内での開設のときだった。その日以来、何度か金田さんの活動を取材してきた。

いつもケーキとコーヒーが用意される。昼食後、住民たちが続々と集会所にやってきた。集会所からは仮設住宅が見える。この日は仮設住宅の解体工事がおこなわれていた。多くの人たちは復興住宅に入居したり、自力再建したりと、行先が決まって団地を出て行った。

とはいえ、まだまだ行き先が決まらない人もいる。被災者たちの自立へのスピードや形に格差を感じてきていた金田さんは、こう語った。

「会話の内容が復興に向けて変わってきた人もいるけど、いまだに変わらない人もいる。ちょっとずつ差が出てきている。被災者同士で話が合わなくなってきている。同じところに住んでいた人たちだから、よけいに違いがわかる。そういう段階になった。怖いのは、誰にも話をすることができなくなってしまったと言う人。一人で悩みを抱えている人はいっぱいいる。そういう人は意外と周りにいる。喪失による悲嘆から抜け出せないでいる」

最近、東京で私は「まだ仮設住宅に入っている人がいるんですか？」と知人に訊かれたことがあった。たしかに、仮設住宅は徐々に解体され、復興住宅に居を移す人が増えてきた。しかし、復興住宅の建設が遅れているため、仮設住宅はまだ残されているのが実状だ。

繰り返すが、残された仮設住宅には、高齢者や障害者、生活保護受給者ら社会的な弱者が残る傾向にある。あれほど「絆」といって盛り上がった震災直後の空気は、多くの仮設住宅では微塵《みじん》も見られない。

震災が人々の記憶から忘れられていくなか、一部の被災者、それも社会的な弱者ほど、いまだに仮設住宅で取り残されて暮らしている。その現実を、私たちは直視する必要があると思う。

第2章

崩れゆく被災者同士の絆

〈第2章扉　写真〉
宮城県石巻市の門脇小学校の2階からの風景。校舎内に津波が押し寄せ、一部は火災にあった。（2011年6月7日撮影）

救えたはずの小さな命

宮城県石巻市の私立日和《ひより》幼稚園（震災当時、園児一〇三人）では、津波警報が鳴るなか、バスに園児を乗せ、高台から海に向かって走らせた。その結果、園児五人が津波にのまれ、のちに発生した火災によって亡くなった。

園のある日和山は、旧北上川の右岸、ＪＲ石巻駅の南側にある丘陵地帯で、松尾芭蕉《まつおばしょう》も訪れている風光明媚な場所だ。一帯は鰐山《わにやま》と呼ばれるが、その南東部が日和山だ。かつては石巻城の城郭があったとされ、現在は日和山公園として整備されている。

日和山の高さは六一・三メートル。津波警報があっても、津波がこの山を超えることは考えにくい。園はその中腹にある。そのため、地震が起きても園内に残っているか、避難するにしても日和山の山頂へ向かえば、園児たちが亡くなることはなかったはずだ。

しかし、園では園児をバスに乗せて走らせた。しかも海側に……。遺族によると、園側は「園児を早く親元に帰したかった」と説明している。大きな地震があったとき、子どもたちは不安を感じたはずだ。それは保護者も同じで、子どもたちを心配したに違いない。地震が発生しても、津波警報が鳴らなければ、園の判断は間違いとは言い切れないが、警報は鳴っていた。

園の災害時の避難マニュアル「地震発生時の園児の誘導と職員の役割分担」は、二〇〇六年に消防署の指導を受けて策定されている。それ以前から宮城県教育委員会による震災マニュアルが策定されているが、園は私立であるために県教委の管轄外だ。避難訓練は、保育中に火災が発生したという想定で年一回おこなわれている。しかし、降園時に災害が発生すると想定した訓練はされていない。ただし、津波に関して、マニュアルにはこう書かれていた。

「地震の震度が高く、災害が発生する恐れがある時は、全員を北側園庭に誘導し、動揺しないように声掛けをして、落ち着かせて園児を見守る。園児は保護者のお迎えを待って引き渡すようにする」

問題は、このマニュアルを職員間に周知せず、地震・津波の避難訓練をしていないことだ。そのため、実際に津波が発生したときに活かされなかった。園児を救助するタイミングは、何度もあった。

園のバスは「大きいバス」と「小さなバス」の二台が待機しており、内陸部に住んでいる園児と海側に住んでいる園児が乗るのは、別々のバスだ。巡回ルートも違っている。「大きいバス」は朝夕二便、「小さいバス」は同じく三便ほど出ていた。

地震発生当時、四五人の園児がすでに帰宅していて、園内には五五人の園児が残っていた。

一四時四八分、防災無線が鳴り響く。

「大地震発生。大地震発生。津波の恐れがありますので、沿岸や河口付近から離れてください」

一四時五四分以降は、無線の内容が変わる。

「大津波警報。大津波警報。宮城県沖に大津波警報が発表されました。沿岸・河口付近から離れてください。渋滞になります」

「津波は繰り返し来ます。第二波、第三波の恐れがあります。沿岸や河口付近には近づかないでください」

一五時二分ごろ、園長の「バスで帰せ」という指示のもと、一二人の園児と一人の添乗員を乗せた「小さいバス」が園を出発した。「小さいバス」は日和山を降りて、一旦、海側の南浜町《みなみはまちょう》や門脇町《かどわきちょう》に向かって走った。このあたりは海抜〇～三メートル未満の低地だ。

「小さなバス」の運転手は、引き渡した保護者から「もう避難して誰もいないので、門脇小学校へ向かったほうがいい」と言われている。しかし、運転手は「送迎を待っている保護者がいるかもしれない」と考えたため、通常のルートを走行した。結局、誰もいなかったのだが……。

その後、「小さなバス」は日和山のふもとにある門脇小学校まで戻り、停車していた。同小学校は幼稚園から直線距離で二〇〇メートル。歩いて五分程度の距離だ。このとき、「小さなバス」内には園児が一〇人いた。うち三人の園児は迎えに来た保護者に引き渡された。他の園児も一度、「小さなバス」の外に出たが、雪が降ってきたため車内に戻った。

同小学校は海抜一〇メートルほどなので、津波が来たら日和山公園に避難することになっている。避難してきた近所の住民と児童、教職員は日和山に避難し、教頭と消防団員たちはあとから避難してきた住民らを誘導していた。

ちなみに、もう一台のバス（大きなバス）は、二〇人の園児と教諭一人を乗せて園を出発した。しかし、一人の園児を引き渡したあとラジオで危機を察知し、日和山の高台にある幼稚園に戻るという判断をしていた。

一五時一〇分過ぎ、保護者から問い合わせがあり、園は「小さなバス」の運転手に携帯電話で連絡した。そして、「小さなバス」が門脇小学校付近にいることを把握した。園長から「バスを上げろ」と指示され、園からバスを探しにやってきた教諭二人も合流する。ここで園児を救助するタイミングができた。しかし、なぜか教諭二人は、園児と一緒に園には戻っていない。

教諭の一人が「(小さな)バスで幼稚園に戻れるか」とたずねると、運転手は「できる」と答えた。目の前には、日和山に登る避難階段がある。この時点でバスを降り、階段で山に登っていれば、園児らは助かった。

園側の説明では「職員のほどんどは防災無線が聞こえなかった」「津波が来るとは思わなかった」としている。裁判でも証言されているが、裁判長は「信用できない」として証言を認めなかった。

周囲では、日和山に避難する人が多かった。住民だけでなく、近くにある日本製紙で働く人たちも、日和山の山頂に向けて避難していた。どの程度の津波が来るのかがわからないとしても、園の教職員だけ防災無線が聞こえなかったとは考えにくい。また、周囲の避難行動を観察していれば、聞こえなかったとしても何が起きているのか察知できたであろう。

園長から指示を受けた「小さなバス」は、日和山に戻ろうとしていた。一五時一四分、大津波警報が発令された。津波の高さは一〇メートル以上と伝えられた。「小さなバス」は、もう少しで日和山に戻れるところだった。このころ、園児二人が保護者に添乗員から引き渡される。一五時四五分ごろ、南浜町に津波が到達。「津波だ」という声が聞こえて、その保護者と二人の園児は必死で逃げた。しばらくすると、津波に流された家屋が「小さなバス」の後部にぶつかり、バス内部に水が流れ込んだ。運転手は割れた窓から押し出された。このとき、教諭たちは避難階段の付近から津波を目撃している。園長も門脇小学校のあたりに津波が来たのを確認している。

運転手は、「小さなバス」から脱出して助かっていた。しかし、園児たち五人をバス内に放置し、園に戻っていた。周囲の住民の証言によれば、夜中に「小さなバス」が放置された付近からは、「助けて！」という救助を求める子どもの声が聞こえた。バス内の園児たちは、津波にのまれてからもしばらくは生き残っていたことが想像できる。

園に戻った運転手はずぶ濡れであり、園長らにその姿は異様に見えたはずだ。だが、運転手と園側で、残された園児のことは話題になっていない。この時点で園児がバス内に取り残されていることを園が把握すれば、救出に向かうという選択肢もあった。結局、ここでも救助のタイミングを逃すことになる。

子どもを失った母親は語る

では、亡くなった子どもの親たちは、震災時、どのような行動をとったのだろうか。

西城江津子《さいじょうえつこ》さん（三六）は、亡くなった長女の春音《はるね》ちゃん（享年六）の「成長を想像できない」と悲しげに話す。

地震発生当時、江津子さんは石巻漁港付近の会社で働いていた。

「ここから逃げないといけない」

職場は海岸から一〇〇メートルの位置にあった。津波警報が鳴ったあと、会社はすぐ終業となる。江津子さんは、海岸線から約二キロのところにある自宅に向かう。のちに、自宅付近も津波で浸水した。

途中、春音ちゃんが通う日和幼稚園があった。迎えに行くと、バスはもう出ていた。一五分ほど待っていると、運転手が戻ってきた。「子どもたちは？」とたずねると、運転手は江津子さんを高台に連れていった。運転手は、「あっちのほうだ」と指差した。指したところは津波にのまれている地域で、すでに火の手も上がっていた。

子どもたちは津波にのまれたのに、運転手はなぜここにいるのだろう？ そんな疑問を持ちながら、江津子さんは石巻警察署に向かった。そして、警察の人に交渉した。

「南浜でバスが被災したので、助けてほしい」

すると窓口に出た警察官はこう言った。

「子どもたちは逃げているので大丈夫だよ」

警察に寄ったあと、自宅に戻ろうとした江津子さんは、途中のスーパーの近くで津波にあった。車を乗り捨て、家まで歩いて行こうとしたが、すでに腰のあたりまで浸水していたためスーパーに戻った。

そのころ、門脇小学校付近では火災が発生していた。ガスタンクのガスや流された車から流出したガソリンに火が付いたのだ。同小学校も火災に遭い、震災で流された建物や車にも火が移っていた。いつしか、園児たちが取り残されたバスにも火がつくことになる。

江津子さんが夫の靖之《やすし》さん（四二）と会えたのは夜中だった。そして翌日、ふたりは幼稚園へ向かった。

「娘を迎えにきた」と園長に言うと、「バスが被災した」という答えが返ってきた。

「どうして助けなかった？」

「火が上がっていて助けられない」

「被災現場はどこだ？」

「上から見ると、ワゴン車が見えます」

そう言って園長は、西城さん夫婦を高台に案内した。そこから見える被災現場には、まだ火がくすぶっていた。まるで焼け野原だ。よく見ると、園児らが取り残された「小さなバス」が、黒こげになっている。夫妻は疲れ切って、ただただ泣くだけだった。

もうひとつの家族を取り上げてみよう。

佐藤美香《さとうみか》さん（三五）は、地震があったときには、海岸線から三キロ付近の自宅にいた。次女の珠莉《じゅり》ちゃん（三）は家におり、すぐに机の下に隠れた。一方、長女の愛梨《あいり》ちゃん（享年六）は日和幼稚園に通っていた。美香さんは心配になり、バスの運行時刻を見ると、「一五時七分発」だった。地震があったのは一四時四六分。幼稚園からバスが出る前だった。

美香さんは語る。

「災害があるときは幼稚園がバスを運行すると思わないので、『あ、よかった』と思った。幼稚園からマニュアルはもらっていないが、学校では引き渡しがおこなわれると聞いていた。幼稚園でも保護者が迎えに行かないといけないと思っていた。停電になっているし、信号もついていない。そんなときにバスを運行するという危険なことをするはずがない。津波は一〇メートルという話もあったが、家族のなかでは、愛梨が一番安全な場所にいると思って安心していた」

二日前の九日にも大きな地震があった。地震発生当時、珠莉ちゃんが通う未就園児のクラスが開かれていた。一五日に行われる卒園式の準備もしていた。美香さんは付き添いで園内にいた。他の保護者とともに携帯電話のワンセグ放送で、地震の情報収集をしていた。しばらくすると、主任教諭から「何が起こるかわからないので帰ってください」と言われ、珠莉ちゃんと帰されることになる。

このとき、教諭たちと保護者たちが災害時の避難行動の確認をし、共有していれば、震災当日の行動も変わった可能性があるが、確認の機会を逃した。

地震発生直後、一緒に住んでいた義父がラジオを聞いていて、「大変なことになりそうだ」と美香さんに言っていた。そこで、美香さんは幼稚園に電話をするが、つながらない。

「電話で問い合わせをしている保護者がたくさんいるんだな」

そう思った。電話連絡をあきらめたころに、熊本県在住の弟から電話があった。

「津波って言っているよ。大丈夫?」

「大丈夫」

「愛梨は?」

「まだ幼稚園」

美香さんは幼稚園は高台にあるから大丈夫だと信じていた。山頂の方向に避難していると思っていた。尋常じゃないほどの防災無線が鳴り響いていたが、熊本出身の美香さんは、津波への意識が高くない。

「サイレンを聞いて、『何だこれは?』って思った。サイレンというと熊本では火災ですから。ただ、大津波という言葉も聞こえてきたので、下の子を守らないといけないと思って必死だった。幼稚園には遅れていっても、大丈夫だろうと思った」

夫の携帯電話がつながらないため、心配だった。そうしていると別の保護者が訪ねてきた。

「愛梨ちゃん、帰ってきた?」

「帰って来てないよ」

「バスは?」

「バスはまだ出ていない。幼稚園だよ」

そんな会話をしていると、津波が自宅までやってきた。階段の二段目まで浸かったのだ。珠莉ちゃんは、すでに二階に上がっていたので無事だった。

バスに乗った子どもたちが亡くなったという話は、一三日までに美香さんの耳に入った。亡くなったことを信じられない美香さんは、愛莉ちゃんを探しに日和山に向かった。途中の石巻大橋付近で「大きいバス」の運転手に偶然、出会った。

「バスの運転手さんですよね？」

「よくわかったね」

「日和幼稚園は大丈夫ですか？」

「大丈夫」

「あー、よかった。愛梨の母親ですが、どこにいますか？」

「小さいバスですか？」

「はい、そうです」

「小さいバスは、津波に巻き込まれたかもしれません」

「何で巻き込まれたの？　意味がわからない」

美香さんは頭が真っ白になり、泣き崩れた。

「これぱっかりは勘弁してけろ」

運転手はそう答えるしかなかった。

帰宅すると、携帯電話がつながらなかった夫と会うことができた。安堵する一方で、愛莉ちゃんの話になった。

「何て言われた？」

「津波に巻き込まれたかもしれない、と」

「かもしれない？　助かっているかもしれないだろ」

夫は震災当日、幼稚園に行っている。日和山の麓で働いていた。日和山に登って津波から避難し、その後、解散となっていた。園長に事情を問いただした。

「佐藤愛梨の父親ですが」

「愛梨ちゃんは、津波に巻き込まれたかもしれません」

そのときに「小さなバス」の運転手は園に帰ってきていたが、園ではそのことを父親に伝えていない。

「かもしれない」では事情がわからない。そのため、避難所を探しはじめた。だが、探しても探しても愛莉ちゃんの姿が見えない。もう一度、幼稚園へ行って、聞いてみた。

「バスと連絡が取れましたか？」

園長は首を横にふるだけで、何も教えてくれない。運転手が園に戻ったことは隠していた。夫は一三日にもう一度、幼稚園に行く。すると、焼け焦げたワゴン車を示され、被災したバスだと園長から説明された。

美香さんはこう話す。

「当日、主人が園に迎えに行ったとき、園ではバスがどこで被災したのかを知っていた。一言、そのことを言ってくれていれば、主人が助けに行けたかもしれない。夜は子どもたちの声が聞こえたと周辺の住民も言っている。救えた命があったのかもしれない」

なぜ、園ではバスの運転手が戻ってきていることを父親に伝えなかったのか。被災場所を知っていたのに、なぜ子どもたちを探さなかったのか。

遺族の一部は、園に対して訴訟を起こした。結果、仙台高裁で和解となった。和解条件には「心からの謝罪」とあったが、口頭での謝罪はない。その後、遺族が園に手紙を送っても、未開封で戻ってくる。佐藤さん夫妻は、怒りを隠せない。

「園と保護者のつながりは、こんなものなのか」と……。

悲しみの深さは何が規準となるのか

被災地では、その人の「身近な人が亡くなった」人数を言うとき、親や子ども、祖父母など、親族の範囲で数えることが多い。その次に友人や恋人だったりする。ただ、友人や恋人が亡くなっても、それほどダメージを受けていないように思われてしまうことが多かった。

宮城県石巻市は、東日本大震災での最大の被災地だ。

宮城県災害対策本部の調査（二〇一六年八月一〇日現在）によると、石巻市の死者数は三五五一人（震災関連死二七二人を含む）。行方不明者四二五人を合わせると、三九七六人となっている。宮城県全体では死者一万五五三人（震災関連死九二二人を含む）、行方不明者一二三五人で、合わせて一万一七八八人。石巻市は宮城県全体の三割が集中した。

喪失によって抱く感情も、死者の数だけあった。家族や親族のなかで複数の人を亡くした人も少なくない。ある四〇代の女性は、小学生の子どもを亡くした。ところが、悲しんでいるときに、遺体安置所や避難所で会った人から「あなたの家では一人だけ？　いいわね。私のうちは三人よ」と言われた。

「大切な人」を失ったときに抱く感情は、一般に「悲嘆」と呼ばれる。一方、グリーフという言葉が最近、注目されている。「悲嘆」よりも広い概念で、悲しみや嘆きだけでなく、後悔や安堵、自己嫌悪、抑うつ、怒り、焦燥感、自責の念、感覚麻痺など、失ったあとに抱くすべての感情を指している。

グリーフのサポート活動をしている一般社団法人「Ｌｉｖｅ　ｏｎ」では、ホームページの説明で、「グリーフは、そこから立ち直るとか、乗り越えていくってもんじゃないんです」と掲げ、「大切な人、ものなどを失うことによって生じる、その人なりの反応、状態、プロセスのこと」としている。また、ＮＰＯ法人「グリーフサポートせたがや」では、「グリーフは喪失（失う事）に対するあらゆる反応のこと」と、グリーフの多様性に触れている。

つまり、誰かを亡くしたときに抱く感情は多種多様であり、亡くなった人の数や関係性だけで決まるものではない。

震災から少し離れるが、かつて私が取材をしていた女子大学生が自殺で亡くなった。私も葬儀に参列した。参列者のなかに、大きな声で泣いていた女性がいた。その女性は、亡くなった大学生とどんな関係だったのかが気になった。

女性は、亡くなった大学生が開設していたブログの読者で、「一度、会いたい」と連絡をしあう程度の関係だったという。つまり、亡くなった大学生と泣いていた女性は一度も会ってない。そのため、リアルだけで考えれば〝希薄〟な関係性だったかもしれない。しかし、会っていないからこそ、築かれる関係性も存在する。

岩手県沿岸南部に住む女性は、交際相手を津波で亡くした。それを周囲の人に話した。すると、「家族じゃなくてよかったね」と言われたという。家族や親族以外の交際相手だとすれば、心理的なダメージが大きくないと思われていたようだ。

たしかに、交際相手は法的には何の保証もない関係であり、その関係はいつまで続くかわからない。しかし、自らの恋愛感情に基づいて関係性を育んできた相手だ。「情」という意味では、一時期だったとしても、家族や親族と同等かそれ以上のものがある。

にもかかわらず、交際相手であるがゆえに、行方不明だった遺体が見つかったことを知らされなかったり、火葬や葬儀の日程を伝えられなかったりする。

家族は交際相手のことを知らないこともあろう。会っていたとしても、それほど親しくなかったかもしれない。また、遺族が交際相手の連絡先を知らない場合など、悪気のないことだってある。他方、交際相手を失った者にしてみれば、喪失感を癒すような儀式に参列できず、心の整理ができないということも少なくない。

ちなみに、この女性は父親も亡くしている。そのため、周囲は「父親を亡くした」ことには注目する。とはいえ、その女性にとっては、父親を亡くしたことよりも、交際相手を失った悲しみのほうがダメージが大きかった。

周囲から「家族じゃなくてよかったね」と言われるたび、この女性は「亡くなった大切な人」が家族か否かによって、周囲の接し方が違うことを疑問に感じている。

シングルマザーと震災

被災地では、シングルマザーが働ける職種は多くない。彼女たちの生活は厳しく、夜の飲食店で働く人も多い。

復興作業員が被災地から減り、店自体の経営が苦しくなっている。一時期はにぎわった被災地の飲食店街だが、客足が遠のいている。東京オリンピック関連の工事もあって、資材の高騰や人員不足が起きている。公共事業の入札が不調で、工事が遅れる場合もある。

復興が始まった頃、作業員たちは地元の飲食街に出向いた。しかし、しばらくすると、滞在先で部屋飲みをする人が増えたという。週末の繁華街には人が出ているものの、以前よりも飲食街に人は流れていない印象だ。

田沢知恵《たざわともえ》さん（三九、仮名）は、岩手県沿岸部の飲食店街で店をかまえている。被災前にやっていた店は津波で被災した。一方、自宅は津波被災をしなかった。そのため、震災後は、被災した妹の家族と弟と一緒に過ごすことになった。

「妹は役場職員で、つねに避難所にいた。家では女一人だった私はみんなの面倒を見ていたため、うつ状態になりかかりました」

古典的な意味での性別役割分担（男は仕事、女は家庭）の意識が強い東北地方では、家事は女性が担うことが多い。くわえて、自分の家族である一人息子以外の面倒も見なければならないのは、精神的に苦痛だった。

そんな知恵さんを母親が見かねた。「人と会って話をしないとうつになるよ」と言ってきたのだ。

被災地のなかでも、津波被害の程度が低い地域で空き店舗を見つけた。三ヶ月後、店を再開させることができた。周囲にはいくつかの店舗もある。当初よりも客は減りつつあるが、それでも週末はにぎわいを見せた。ただ、被災地では新規の出店に対してローンが組みにくい。

「被災地の人はローンが組めないといわれたので、開店資金はすべて自腹。スポンサーがいる人はいいなと思いましたが、それだと自分の店じゃなくなる」

実際、スポンサーのいる女将《おかみ》もいるようで、知恵さんはうらやましがっていた。

震災から一年後、一人息子の大地《だいち》くん（仮名）が成人を迎えた。知恵さんはようやく肩の荷が下りた気がした。

「成人のお祝いと、自分へのご褒美として初めて海外旅行をしたんです」

二〇歳のときに敬史《たかし》さん（当時四〇、仮名）と結婚した知恵さんは、すぐに大地くんを産んだ。しかし、〝ちょっとしたこと〟ががまんできず、敬史さんと離婚した。離婚後、事務仕事をしながら子育てをしていたが、仕事中は両親に子どもを預けていた。両親からは「お金をもらわないと面倒を見ない」と言われ、子育ての費用を手渡していた。

離婚はしたものの、しばらくは前夫とはよく会っていた。

「何かあったら支えになる」

そう言っていた。経済的には頼っていた面も強かった。しかし大地くんが中学生のときに突然死した。進学などの時に頼る人がいなくなった。それからは自分ひとりの稼ぎで育ててきた。店のことも自分でやってきた。

知恵さんは自立を意識していたため、なるべく誰にも頼らないように生きていた。店を出すなど順調のように見えるが、常にストレスを抱えている。心から頼れる人が見つからなかったからだ。しかしながら、子どもがいたからがんばれた。

「どこかに逃げたい、という気持ちはあるが、ギリギリまでがまんしている。逃げたいと思っても、子どもがいれば自立するまでは見届けなきゃって思うでしょ?」

子どものために仕事をしてきたが、ようやく子どもは成人した。そして婿養子に出した。

「今は自分の老後を考えている。孤独死かな?」

知恵さんはまだ四〇代なのに、すでに老後を考えている。孤独を感じているようには見えず、話の調子では反対に明るい。きっとそれは、接客をしながら話していたからだろう。仕事中は孤独を見せられない。むしろ、孤独な客を癒す立場だ。しかし、自身が癒されることはない。仕事上、出会いがないわけではないが、かまえてしまうのだという。

被災地のシングルマザーをもう一人、紹介しよう。

岩手県沿岸南部。美容師の山田房子《やまだふさこ》さん（三八、仮名）は、職場だった美容室も自宅も津波で流された。その後、津波被災のないエリアで美容室を再建した。

「ガツガツ働いて、店舗再建のために使った借金は返しました。ただ、道具などの借金は残った」

震災前と別の場所に再建したということは、これまでの営業していた地域の人たちとはまったく別の人たちを対象にすることになる。客足はどうなのか。

「地域が変わればお客さんも変わるので、常連さんは半分くらいに減った。それに震災後、美容室がたくさんできた」

美容室の出店が相次いでも、房子さんには「着付け」という強味がある。成人式の着付けの予約は多い。しかし、七五三用のお客さんは減った。震災後にできたショッピングセンター内で、格安で着付けも写真撮影もできるからだ。復興のために出店したショッピングセンターが、地元の店舗と競争相手になっていた。

「長女が高校生になったので、児童手当がなくなった。でも、どうにかなるでしょ」

房子さんは震災の五年前に離婚している。前夫だった太志《たいし》さん（四〇）の浮気とドメスティック・バイオレンス（DV）が原因だった。

「離婚のことも、震災での避難所生活も、頭のなかで〝困っていないこと〟にした。よく強いと言われるが、現実を認めていないだけ」

〝現実を認めない〟というのは重い言葉だ。ほかの被災者からも同じような言葉を聞いたことがある。現実を認めてしまうと様々な感情が湧きだして、これまで自分を保ってきたものが一気に崩れ去ってしまう。だからこそ、〝現実を認めない〟。

前夫から暴力を受けたとき、長男はうつむき、長女は泣きわめいた。そのためか、長男は感情を押し殺すようになった。長女は身体的に発達が遅れている。

震災前、房子さんは前夫さんを「殺したい」とか、「死ねばいいのに」と考えたという。

「でも、(前夫が)津波で死んだら、自分も子どもたちも病んだと思う。津波でたくさん死んだ人を見たので、死に対する恐れが増えたから」

現在は仮設住宅に住んでいるが、復興公営住宅に移るかどうかは悩んでいる。

「長男は高校を卒業して、長女もいずれ私から離れていく。そんななか、復興住宅で一人では住みたくない。いつまでも被災者のままというのも嫌だ。かといって、家を買うのも……」

子どもが自立し、一人で生活することになったとき、房子さんはどうしていくのだろうか。房子さんが求めている他者との「つながり」は、どこに向かっていくのだろう。

避難生活により増加したDV

東日本大震災に関連して発生した性犯罪は、数件にとどまったとの警察庁の報告がある。他方、配偶者からの暴力に関しては、地域によって異なる数値が出ている。

震災の翌年は、DVの相談件数が、福島県と宮城県では過去最高となっている。ただ、岩手県は前年より減少していた。これをどう見るのか。

吉田亜美《よしだあみ》さん（三〇代、仮名）は、小学生の子どもと一緒に福島県から埼玉県に避難した。結婚生活が長くなると、「お前が悪い」「ばか」など、夫からの言葉の暴力が増えた。殴られたこともあった。そのため、震災前に別居した。

離婚しなかったのは、子どものためだ。ところが、震災後、夫が仕事を失ったことによる経済状況の変化で、ふたたび夫と同居することになった。

「最初は親類を転々と頼っていたのですが、いつまでもお世話になるわけにはいかないので、アパートを借りようと思ったんです。そんなとき、夫もアパートを探していました。生活費の問題もあるので、一緒に住むことになりました」

埼玉県内でのアパートは、福島県内で生活していた部屋より狭い。顔を合わせる機会も増え、亜美さんはいつも緊張した。夫の言葉はきつい。

「イライラするな。こっちだって、仕事探してんだよ。何で俺じゃだめなんだ。ふざけんなよ」

酒を飲みながら大きな声で、そう言ったりする。以前のような暴力の被害者になるのではないかとビクビクしている。また、亜美さんに対して「お前、うざいんだよ」と言うなど、子どものいる前でも平気で暴言を吐く。

「子どものことを思うと、父親がいたほうがいいと思うんです。でも、暴力を見せたり、暴言を聞かせることもよくないので悩んでいます。相談窓口にはなかなか電話できません。夫に知られたらと思うと、恐い」

また、宮城県内在住の奥村由美《おくむらゆみ》さん（三〇代、仮名）は、七〇代の母と小学生の息子と一緒に住んでいたが、津波によって実家を失った。当初、仮設住宅がなかなか当たらず、頼ろうとした親類もみな自宅が流されてしまっていた。

そんなとき、元夫の両親が「こちらにどうぞ」と声をかけてくれた。離婚した理由はＤＶであった。しかし、そんな離婚理由を元夫の両親は知らない。結局、両親にはＤＶのことを言い出せないまま、一緒に生活することになった。

「役所にも（ＤＶの）相談をしていたわけではないし、支援を受けたわけでもないです。生活するにはやむをえなかったと思う」

元夫は仕事を失い、家にいることが多かった。そのため、昼間はなるべく一緒にいないよう、被災地域でボランティアをしていた。ただ、食事の時間が少しでも遅れると、言葉の暴力が出た。

「何をしてんだ！　早くしろ！　遅くなるならボランティアなんかするな」

失業中の元夫はイライラしていたため、きつい表情だった。命令口調の言い方も変わっていなかった。過去のＤＶを思い出し、恐怖を感じた。

「元夫は両親といたので、さすがに殴る・蹴るはしませんが、徐々に言葉の暴力がひどくなりました。子どもにも影響するので、どうにかしなければと思っていました」

仮設住宅に入れることになったために、元夫とその両親との半年ほどの生活を終えた。一時的とはいえ、ＤＶ加害者の元夫との生活によって、亜美さんは過度なストレスを抱えた。

ところで、内閣府の「被災地における女性の悩み・暴力相談事業報告書」によると、一一年度の相談件数はＤＶが一五六件、ＤＶ以外の暴力は一九件だった。一二年度はＤＶが六六六件、ＤＶ以外の暴力が八四件と、いずれも前年の四倍を超えた。一三年度は震災の年よりも多いが、前年よりやや減少し、ＤＶが五九三件、ＤＶ以外の暴力が五四件だった。一四年度も減少傾向で、ＤＶが三〇六件、ＤＶ以外の暴力は三六件となっている。

被災地全体を見てみると、ＤＶは減少傾向にあるものの、福島県は事情が異なる。避難生活が落ち着きを取り戻したとは言いがたい。福島県の数字を見てみると、一一年度はＤＶが五二件、ＤＶ以外の暴力が六件、一二年度はＤＶが三三三件、ＤＶ以外の暴力が四五件で、ともに前年のほぼ六倍。一三年度はＤＶが二七五件、ＤＶ以外の暴力が三四件と、やや減少したものの、震災の年の五倍だった。

その後、一四年度はＤＶが二三三件、ＤＶ以外の暴力は三三件で、それほど減少していない。そして、一五年度はＤＶが一八三件、ＤＶ以外は二三件。減少傾向にはあるが、震災の年と比べると、ＤＶは三倍。ＤＶ以外の暴力は四倍となっている。

同報告書の巻末資料では、相談員の次のような声がまとめられている。

「故郷にいつ戻れるかわからず、不安な生活に耐えられない、苦しい思いを聞いてくれるだけでもありがたいとの声も多い。親子やきょうだいであっても、区域によって異なる賠償金をめぐる争い、家族、夫婦、ＤＶ、離婚などの相談の種類は多岐にわたり、家族にも友人も話せずに、一人で悩み、再相談も目立った」（福島県地元相談員）

「福島の相談には、相談者の生き方の底流に、福島ならではの、避難の困難さがある。この認識が、相談者の心情を受け止める上で不可欠であることを、年月を重ねるごとに痛感させられる」（福島県派遣相談員）

「東京電力からの賠償金が家族単位（夫の口座）の振込であるという。生活が成り立っていた頃には問題とされなかったが、夫婦関係がずれてきたときに大きな障害となって女性の自立を妨げている。食事の支度や家族の世話を担いながら、生活費を十分に受け取ってないという相談があまりにも多い」（福島県地元相談員）

「夫が船に乗っていて不在のために保たれた夫婦の関係やＤＶなどが、震災で船を降りたり、辞めたりしたことで表面化したケースがあった。沿岸部、漁業関係の男性中心のジェンダー規範は女性にとってきついものがあり、都会のような匿名性がないので二重にきつい」（宮城県地元相談員）

「暴力からの心の回復と心理的ケアを実施しているが、回復過程で旧来の価値観や思い込みに更に苦しめられ、抜け出せない場合があるなど、悲観的になる被害当事者もいる。回復の見込みを伝え、希望につないでいくことは、相談員として大切な役目である。客観的にジェンダーバイアスからの解放を系統立てて話せる相談員の要請が重要である」(岩手県地元相談員)

これらの声を聞くと、いかにDV被害を相談できる環境がないのかがわかるであろう。ちょっとした不安が増幅してDVの引き金になる。震災以前からの関係性が震災によって悪化する。被災地特有の悩みを受けとめる場所は、必要性が高い。

いずれにせよ、女性は男性の暴力のはけ口ではない。震災後に出てきた問題は、震災以前から引きずっているものもあり、それが緊急時に極端に現れたのかもしれない。しかし、それを仕方のないことなどとは、けっして思ってはならない。

震災後、家族の「絆」が叫ばれたりしたが、DVの実態を見る限り、絆などとは言っていられない状況にある家族が存在することが露わになった。

震災で離婚は増えたのか

福島県いわき市内。福島第一から三〇キロ以上離れているため、同原発から二〇キロ圏内になった双葉郡の住民の多くが、いわき市内に居を移している。事務職の鈴木紀子《すずきのりこ》さん（三六、仮名）も警戒区域から避難した一人だ。子どもは双子で、まみちゃんとまゆちゃん。五歳だ。震災から二年後、夫の忠博《ただひろ》さん（三〇、仮名）と離婚した。

以前から忠博さんは、南関東で仕事をしながら単身赴任していた。子どもたちが大きくなったら、「一緒に暮らそう」と話をしていた矢先、震災が起きた。紀子さんの自宅は内陸部のため、津波被害はなかった。

しかし、原発事故のため避難指示が出た。自宅は、同原発から一〇キロ圏内にある。県内を移動し、最終的には忠博さんが住む南関東のマンションで、家族四人で暮らすことになった。ただし、震災後に紀子さんの考え方が揺らぐことになる。

「私にとって守らなきゃいけないものは子どもだった。しかし、夫が重要視したのは、夫自身だった」

子どもたちのためには、今後も福島県内で過ごさせたいと紀子さんは考えた。南関東よりも自然が多いのはもちろんだが、母として子育てしやすい環境は、やはり故郷の近くだと考えた。両親が福島県内にいることも、大きな理由だった。

一方で、忠博さんは自身の仕事が順調にいくかどうかを考えていた。そのためには福島県内に住むことは考えられなかった。結局、紀子さんは、子ども二人といわき市の仮設住宅に移り住んだ。

当初は生活費を振り込んでいた忠博さんだが、次第に振り込まなくなった。

「夫は浮気相手を作った。話し合いをもっても、相手をかばうばかり。お金も入れないし、精神的に疲れてしまって……」

調停開始から三ヶ月で離婚が成立した。

「震災の傷が癒えないなかでの離婚でした。慰謝料は一回振り込まれただけ。その後、前夫の職場も住まいも変わっていた」

慰謝料と養育費が支払われることになっていたが、いまだに振り込まれることはない。子どもたちは父親と会えなくなった。しかし、父親と子どもが一緒に暮らしたのは震災後の一時期だったので、父親がいない生活に慣れていたことが幸いした。

「震災前から前夫は単身赴任だった。子どもたちに写真を見せても『お父さんがいたの?』と言っているくらい」

現在は、両親が市内に建てた家で一緒に住む。シングルマザーといっても、両親との関係が良好で、かつ経済援助がある場合は、まだ比較的に生活がしやすい。ただし、子どもが進学するための貯金をしたいが、現在の手取りと手当ではできない。しかも双子のため、教育費がかかるのが同時なのである。

「(奨学金などの) 制度をうまく使うしかない」

遠くを見つめながら、紀子さんはそう言った。

もう一人、離婚した女性を紹介しよう。

「パパといると、ママが一人。ママといると、パパが一人。三人でどこか行こう」

仙台市内に住む山田春香《やまだはるか》さん(三四、仮名)の長女(四)は、そう口にした。震災から三年後、元夫

こう言った。

の諭司《さとし》さん（三四、仮名）と離婚。離婚後、長女が諭司さんと会ったあとの言葉だ。
二人は同じ職場で知り合い、結婚した。その後、別々の職場になるが、震災から半年後、諭司さんが

「単身赴任の人はいいな」

いったいどういうことか。春香さんが問いただしたところ、

「家族を気にせず、仕事に打ち込めることがうらやましい」

と答えた。家族への配慮に欠いた言葉だ。諭司さんは、遅くまで仕事をすることが多く、また出張も多かった。休みの土日は「家族といたくない。疲れる」「家にいると仕事ができない」といっていた。春香さんは、その言葉を精神的虐待と感じていた。

子どもが近づいても、諭司さんは「うるさい」と怒鳴り、払いのけた。テレビのリモコンを乱暴に放り投げたりもした。夫のそんな姿を見ていて、春香さんはこう思った。

「疲れているなら帰ってこなければいい」

住まいは仙台市の内陸部。自宅マンションは、地震による「半壊」はあったが、津波の被害はない。ただ、原発事故による放射性物質の飛散状況を心配して、一時期、実家のある長野県に帰っていた。

春香さんには、過去の性的なトラウマから男性不信の側面があった。諭司さんも承知していたが、彼の振るまいがそれを思い起こさせたため、春香さんは一四年五月、離婚を申し出た。諭司さんは離婚に同意した。

このころから、目に見えて長女が変化していく。両親が離婚することを意識し始めたのだろうか。保育園に行く時には「行きたくない」と駄々をこね、「保育園の先生がいじめる」と言い始めた。離婚の話し合いのとき、春香さんは情緒不安定で、泣いていた。すると長女が「ママ、何で泣いているの?」と気を遣った。

離婚後、世帯収入が離婚前の三分の一になってしまった。そのため、貯金を切り崩し、生活している。また、離婚前は保育園の送りは前夫がしていたため、朝の時間のやりくりが大変になった。買い物は生協の宅配サービスを利用している。

震災で見えるようになった家族の不安定さ。そこに、何の「つながり」が、どんな「つながり」があるのか。震災前からつながりが希薄な家族、あるいは震災後に希薄になった家族は、離婚しようがしまいが、震災後に精神的なストレスを抱えるケースが多い。

ちなみに、仙台市の「ひとり親」支援策は充実している。「仙台市ひとり親家庭等安心生活プラン」(二〇一五年度~一九年度)が策定されているからだ。ホームページでの情報提供も豊富である。とはいえ、制度があることと、それを利用しやすいかどうかは、別の問題だ。春香さんの場合、離婚するときには弁護士を活用し、仙台市の支援策には頼っていない。

何人かのシングルマザーから話を聴いてみたが、特徴としていえるのは男性の〝ダメっぷり〟が目立つことである。もちろん、女性から聞いた話なので、男性のことをネガティブなイメージで語ることは仕方がない。だが、離婚に至らないケースであっても、多かれ少なかれ、似たような傾向だ。

被災地のシングルマザーたちの話から見えてきたものは、震災によって強まったのは夫婦の「つながり」などではなく、夫婦という「足かせ」としての「絆」だった。

第3章

地域復興と翻弄される住民

〈第3章扉　写真〉
ＪＲ山田線「大槌駅」近くの踏切。津波によって線路は曲がり、駅舎も流出した。（2011年4月11日撮影）

役に立たなかった標識

「想定外」。東日本大震災で、この言葉を何度聞いたことか。貞観《じょうかん》地震（八六九年）以来の、千年に一度の大津波のため、予想を超えた規模だったという意味での「想定外」。私は、この「想定外」という言葉を、いつもどこか疑っていた。本当に予想を超えた規模だったのだろうか……。

そんなことを考えながら、仙台市から三陸沿岸部を通り、青森市まで至る国道四五号線を車で北上していた。すると、「津波浸水想定区域」という標識を何度も見かけた。しかも、その標識のある位置は、実際に津波の水が届く「津波浸水エリア」の限界とほぼ一致している。

二〇〇〇年一一月、総理府の地震調査研究推進本部の地震調査委員会で、宮城県沖地震（マグニチュード七・五）や三陸沖北部地震（同七・一〜七・六）の長期評価がなされた。その評価を受けて、三陸国道事務所では、〇七年から津波対策として標識を設置した。

〇四年一二月、岩手県は、宮城県沖地震の予測に対応した津波シミュレーションをおこない、県内の各地域での解析結果を公表していた。それによると、国道四五号線には三六ヶ所の津波浸水想定区域があることがわかった。同事務所では、監視カメラや道路情報板の整備などの津波対策をしていた。その一環で、津波浸水想定区域の表示標識を設置したのだ。一四ブロックにわけて、前後に「これより先津波浸水想定区域」「津波浸水想定区域　ここまで」という表示標識を建てた。

同じことを、宮城県の仙台河川国道事務所もおこなっていた。宮城県内では一三ブロックで設置していた。ようするに、岩手県内と宮城県内では、二七ブロック、合計五四ヶ所に津波浸水想定区域の看板が設置されていた。

震災後に国道四五号線を走った感想をいうと、津波浸水想定区域の標識を見る限りで津波の規模は、ほぼ想定内だったように思う。そう強く感じたのは、気仙沼市付近を通っていたときに、その前後の風景があまりに違ったからだ。「ここまで」の標識を超えると津波被害が少ないか、全くない地域だったのである。

だとすれば、住民はどう考えていたのかが気になる。釜石市を訪ねたとき、この標識の近くの家で話を聞いてみた。

「この標識って、震災前からありましたよね？」

「え？　どの標識？」

「津波浸水想定区域の……」

「あぁ、そういえば……、（外に出て見上げながら）あるね」

「これって、意識していたんですか？」

「気がついたらあった、という感じかな」

子どもが何人か玄関先にやってきた。その家の主が子どもたちに、

「この標識、知っていたか？」

と聞くと、子どもは首をかしげながら、

「さあ」

と言っていた。

この標識は、住民にはほとんど意識されていない。標識の近くに住んでいた人でさえも、日常生活と標識の内容がまったく関係ないかのような反応だった。ほかの地域で、標識の近くの住民に聞いても、意識している人はほとんどいない。

震災後、国道事務所はあらたに「過去の津波浸水区間」という標識を設置した。予測ではなく、大震災で「ここまで津波が来た」という経験則を表示したことになる（ただ、そうした表示は、宮古市田老地区にある昭和三陸津波の浸水区域の表示のように、以前から設置されていたものもある）。また、三陸国道事務所では、浸水区間内では約二〇〇メートルごとに「津波浸水区間」を示す標識を設置した。さらに、道路脇に設置している視線誘導線（デリニェータ）に、浸水区域を示すステッカーを貼った。

国道四五号線の浸水区間を車で走っていると、それらの標識やステッカーをやたらと目にする。意識しているときは、「ここは大震災のときに津波が来た場所。もしいま津波が来たら、どうするべきか？」と私は考えたりする。しかし、慣れというのは恐ろしいもの。標識の近くに住んでいた人たちが標識を意識せずに生活していたように、私自身も標識を意識せずに運転していることがある。

設置したばかりのときは意識する人がそれなりにいるが、慣れてくると住民も道路利用者も標識の存在と内容を忘れていく。ふたたび、多くの住民や道路利用者が津波の被害にあうことを避けるには、標識に慣れさせないことが必要だ。設置しただけで終わることなく、標識の文言やデザインを変えるなど、積極的な啓発と工夫をしていくことがたいせつなのではないか。

地盤沈下と冠水の被害

震災から三ヶ月後、宮城県石巻市の沿岸部からやや内陸に入ると、まだ瓦礫が撤去されずに放置されているところがあった。市街地を車で走っていても、そうした光景を目にすることができる。車から降りると、悪臭が漂い、ヘドロなどが溜まっている。

二〇一一年六月――。風のない日には、何ともいえない臭いが充満していた。臭いだけならまだましだ。衛生状態も悪化していた。夏に向けて、入梅や台風シーズンを迎える。すでに暑い日が多く、ハエなどの虫が多く発生し、住民を悩ませていた。

沿岸部の一部地域では、一メートル近くも地盤沈下した。海水面が陸地部分よりも高くなってしまったのだ。満潮時には、家の床下まで冠水してしまう。大潮の際には被害が大きくなる。どれくらい冠水するのだろうか。

六月七日、私はまず石巻市長浜町《ながはまちょう》に向かった。護岸工事は急ピッチで進んでいたが、「はまなす保育園」の敷地内には打ち上げられた漁船が放置されていた。また、地盤沈下のため、残った家も傾いていた。宮城県の調査では、もともと年間三〜一〇センチ地盤沈下をしていた地域だが、国土地理院の衛星利用測位システムによると、震災後の地盤沈下は約七〇センチにも及んだ。しかし、震災から四年後の一五年三月には、地盤が隆起しはじめた。地震が地盤に与える影響は大きく、また不安定であることを物語っている。

近くを自転車で散策する男性（六八）がいたので、話を聞いた。

「地震があって、『津波が来る』というので高台に避難した。瓦礫があるので家に近づけなかったが、二日かかって家に戻ることができた。妻は家にいたが、家のなかの少し高いところにいて、『逃げる場所がなかった』といっていた。それ以上（津波が）来なくてよかった。避難した渡波小学校は寒いし、食糧はないし、もう地獄だった」

また、「はまなす保育園」は、石巻湾の海岸線のすぐそばにある。近くには海跡湖《かいせきこ》の万石浦《まんごくうら》がある。のりやアサリ、カキの養殖場となっている。男性が避難した渡波《わたのは》小学校は、海岸線から約一キロほど内陸に入ったところにある。渡波小の場合、体育館まで津波がやって来たが、子どもたちは館内のステージに上がり、なんとか無事だった。校舎の一階にも津波が来ていたため、二階以上を避難者が生活する場所とした。

発災当日は雪も降っていたので、避難所生活は厳しかった。その後、この男性は娘がいる仙台市内に向かった。

「娘の住んでいるところは高台なので大丈夫。ただ、水道の復旧は遅れた。いまは自宅に戻っているが、工事の順番待ち。大工さんが忙しいし、材料がない。だから、ゴザを敷いて生活している。ライフラインは五月一九日にガスが入って、整った。それまでは近くのホテルや自衛隊の支援が来ていて、お風呂にも入っていた。いまさらほかに移るわけにはいかない。少しお金はかかるけど、直して住もうと思う」

漁港近くには親類や知人が住んでいた。亡くなった人が多く、行方不明の人もいると言う。

塩富町《しおとみちょう》の付近も冠水に悩まされた。海水面と陸地の高さが、ほぼ同じになる。のりの養殖業を営んでいる男性（四二）は、地震があったとき工場内で作業をしていた。震災時には、「津波が来る」と言われ高台に避難せず、船に乗り込んだ。船の方が安全だと思ったからだ。

自宅に隣接しているのり工場を、男性が案内してくれた。冠水がひどい時期には、五〇センチほど海水が入ってしまうという。海水が入ると、機械が動かなくなってしまう。

「繊細な機械なので、機械一つの修理だけでも六〇〇万円はかかる。船の保険はあっても機械の保険はない。市でも全壊と半壊の判定をしているが、表面的にしか見ない。工場は一部損壊扱いだから、義援金は出ない。補償の問題は考えないようにしている。考えていたら、前に進まない」

家《いえ》の前地区《まえちく》も冠水した。満潮になる朝に訪れたところ、「ちびっこ広場」は全体が冠水していた。周囲の道路では、マンホールから水がわき出す。海に近づくと、堤防が機能を果たさないばかりか、海水がそのまま陸地に入ってくる。近くでカキの養殖をしている男性に話を聞くことができた。

「地震後一ヶ月くらい経ったら、地盤がだんだん悪くなって来た。以前と比べると、一メートルくらい地盤が下がった。震災前は、このように冠水するのは台風の時ぐらい。これでは仕事にも影響が出る。カキの棚田にも影響がある」

そう言いながら、心配そうに海を見つめていた。カキの処理場の近くにある桟橋が海に沈んでしまい、漁船の出入りも悪くなる。台風や低気圧がくると、以前よりも浸水しやすくなった。

石灰を運んでいる男性に出会った。冠水した地面には、石灰を撒かないとハエが出る。

「役所の対応が遅いんだよな。仮設の防波堤ができるという話だが、下水道から水が上がってくるので、けっこう臭いがするし、油もすごい。通勤、通学も大変。冠水しないところまで長靴を履いていく。毎日、海の上にいるようだ」

杖を使って歩く男性はこう話す。

「歩くのは大変ですね。臭いも激しいね。朝と夜はね、二回冠水する。このあたりは、みんな床下浸水。だから、土盛りをしている。そのうち、防波堤を作ることになっている」

こうした被害は、津波の直接被害よりも見えにくい。そのため、報道もされず、支援のボランティアも来ない。そこで暮らす人々は、市の対応への不満を口にする。

「もうノイローゼになってしまう。市でもなかなか（要望を）受けつけない。昨日、ようやく市から建築士が見にきた。だけど、サッと見ただけ。どこまで見ているのか……。バカにしているんじゃないか、と。本当に、朝晩、悩まされてます。ようやく昨日から堤防の工事が始まりました」

堤防の工事を見に来たという男性は、「新月の大潮が終わり、満月の大潮が来る。これがいつまで続くのか」とため息をつき、こう続けた。

「地震の時は、排水溝から水が吹き上がって来た。八〇センチぐらいでしょうか。さらに砂が出てきていた。液状化でしょうね。それによって地盤沈下。ただ、全体的に下がったので、家は傾かなかった。だからこそ、何でもないように見えてしまう。判定が難しいと思う」

震災から五年を過ぎると、このように冠水する地域は減っている。被害の大きい地域は、優先的に支援しなければならない。ただ、冠水地域は、震災から三ヶ月ほど経ってもほとんど手付かずだった。自宅避難者の不満は高まっていくばかりだ。

被災地の報道は、日々、減っていく。東日本大震災のあと、紀伊《きい》半島豪雨、広島《ひろしま》の土石流災害、御嶽山噴火、熊本地震などが発生し、人々の注目もそちらに移っていく。こうして、少しずつ東日本大震災も忘れられていく。

生活が震災前に近づいていくことは、よいことである。とはいえ、東日本大震災は「大規模災害」なのだ。被害が少ないように見えても、地盤沈下は人々の生活に負の影響を与えた。復旧・復興は、ほかの災害のサイクルとは比較にならないことを、私たちは忘れてはならない。

防潮堤の建設をめぐり混乱する住民

被災地では、命を守るための方策として、堤防を高くするという手段が用いられている。堤防の高さについては、行政の判断だけでなく、住民のあいだで話し合いがおこなわれることもある。

堤防といっても、いくつかの種類がある。大波や高潮、津波の被害を防ぐ堤防のことを「防潮堤」と言う。一方、津波などに備えて、とくに頑丈に作られている堤防は「防浪堤」。岩手県普代村《ふだいむら》では、高さ一五・五メートルの普代水門や太田名部《おおたなべ》防潮堤がある。被災した民家も死者もなかった。また、洋野町《ひろのちょう》では、高さ一二メートルの防潮堤があり、東日本大震災でも決壊せず、津波被害を最小限に抑えた。

岩手県宮古市田老地区の堤防は有名で、高さ一〇メートル、長さは二・四キロにも及ぶ。地元の人たちからは「万里の長城」とも言われた。田老は、明治三陸津波（一八九六年）や昭和三陸津波（一九三三年）で壊滅的な被害を受けた。そのため、三四年から建設が始まり、五八年に完成した。その後は旧建設省や水産庁が整備をしており、七八年に全体が完成している。

その間、六〇年のチリ津波の被害を食い止めた。しかし、東日本大震災では、津波が防潮堤の高さを越えた。崩壊した部分もあり、被害を防げなかった。田老の防潮堤には、津波を受け流した旧防潮堤と津波に立ち向かった新防潮堤があり、旧防潮堤は原型を止めたが新防潮堤は倒壊した。

外洋からの波を防ぐために海中に作るものが「防波堤」だ。岩手県釜石市の釜石港内に作られた「湾口防波堤」はその代表例である。三一年をかけて二〇〇九年三月に完成した。一〇年にはギネスブックに世界最大水深（六三メートル）として登録された。

北堤九九〇メートル、南堤六七〇メートルでハの字型に配置していた。中央の開口部三〇〇メートルは大型船の航路として確保していた。しかし、東日本大震災での大津波は想定を超えた。国土交通省（以下、国交省）の「釜石港における津波による被災過程の検証」によると防波堤は第一波を防ぎ、津波到達時間を約六分間ほど遅らせたが、第二波以降の津波で崩壊した。

どのような堤防を築くべきか。それは住民の生活や意識によって変わる。そのため、震災直後は誰もが二度と津波被害を受けないまち作りを思考し、行政から提示された堤防の高さを前提に、まち作りをしようとしていた。

一方、住民からは「高い堤防があると海が見えなくなり、避難しにくくなる」「海が見えることで観光につながっている」「あまりにも高い堤防は漁業に支障が出る」などの声も出る。そのため、堤防の高さを見直す動きは、自民党内からも出た。復興のためには巨大防潮堤が必要だとする小泉進次郎《こいずみしんじろう》復興政務官（当時）と、それに疑問をなげかける安倍昭恵《あべあきえ》氏（安倍晋三《あべしんぞう》首相の夫人）との対立もあった。

一三年一二月四日の自民党環境部会で、昭恵氏が防潮堤建設について講演した。明恵氏の活動を知った片山《かたやま》さつき環境部会長（当時）の呼びかけで開催された。講演を伝えた朝日新聞（一三年一二月四日、ウェブ版）によると、昭恵氏は「防潮堤反対運動をするつもりはない」としながらも、「必要ないところはやめればいい。景観が崩れ、海の生態系が変わって環境も破壊され、漁業にも影響するかもしれない」と指摘していた。

こうした昭恵氏の考えは、現在も基本的には変わっていない。一五年三月一四日、仙台市内で開かれた世界防災ジュニア会議での挨拶で、建設中の防潮堤について「防潮堤で全て津波から守ることができるのか。日本全国を壁で覆っていいのか」と話した。

昭恵氏がもっとも気にかけていた場所は、気仙沼市小泉地区《こいずみちく》の巨大防潮堤だ。環境省の「海水浴場百選」に選ばれた浜辺があり、そこに高さ一四・七メートル、幅九〇メートルの防潮堤の設置が予定された。総事業費は二三〇億円。近隣の干潟もなくなってしまう。高台移転で人が住めなくなる地域に、なぜ巨額を投じて防潮堤を作るのか。

堤防の高さは、たしかに大問題だ。そこで漁業をする人にとっては、生活に直結する。石巻市の漁村では、行政が八メートルの高さの堤防を提案した。しかし、それでは漁業の仕事がしにくいし、堤防によって生態系を変えてしまう可能性もある。漁業関係者が反対をすると、堤防の高さは一メートルになった。なぜ八メートルが一メートルになったのか？　行政側は八メートルか一メートルかの選択しか与えなかったのだ。

ただし、川の対岸の地区と意見が違った。そのため、堤防の高さは一方では一メートルだが、対岸では八メートルと違う高さとなり、いびつな形となった。

いずれにしても、堤防を作ったうえで、どんな地域にしていくのかというビジョンが見えない。単に、「安全のために堤防を作り、住民は高台移転をする」という発想では地域に残る理由が希薄になる。住みやすい地域とは何か。避難はどうあるべきか。住民同意がないなかで、巨額の事業費だけが費やされている。

岩手県では、東日本大震災級の津波が来た場合のシミュレーションをした。大槌町の場合、防潮堤の高さは一四・五メートルを前提に計算した。だが、そのシミュレーションでは、町中心部に津波が襲うことや、その最大浸水は三・六メートルであることがわかった。

防潮堤工事の困難さも指摘がされている。町では、地下水が湧き上がっている地域が多い。そのため、町会議員の阿部氏が一六年三月の議会で、町の湧水を見極めた上で防潮堤を作ってほしいと要望している。しかし、具体的な議論にはならなかった。

「同じ規模の震災が来たら、役に立たないことがわかっているのに、防潮堤の建設工事だけが進んでいる」。震災後に町民となった男性（四〇代）は、そう話していた。

一般に、防潮堤を作れば津波を防げると思う人が多いであろうが、けっしてそうとは限らない。震災級の津波は、防潮堤でも防げないこともあることがわかっている。

建設業を潤わせるだけの防潮堤工事が必要なのか。さらに言えば、防潮堤が完成するまでの津波対策はどうするのか。津波被害を防ぐことも大切だが、同時に住民の避難について具体的に考えていくことが、いま求められていることなのではないか。

壊れた鉄道はバスで代用すればよいのか

東日本大震災では、鉄道も津波にのまれた。ＪＲ東日本は鉄道の復旧について、どのような方針を示したのか。

石巻線（小牛田《こごた》駅〜女川《おながわ》駅）は震災後、全線不通になった。しかし、津波被害の少ないエリアから徐々に運行が再開され、二〇一五年三月二一日には全線が運行再開した。常磐線（日暮里《にっぽり》駅〜岩沼《いわぬま》駅）は、福島第一の事故に伴って、竜田《たつた》駅〜原《はら》ノ町《まち》駅間がまだ復旧されていない。他方、相馬駅〜浜吉田《はまよしだ》駅間は、津波被害の工事が終わり、一六年一二月一〇日に再開する。山下《やました》駅と坂元《さかもと》駅は内陸部に路線を移すものの、震災前とほぼ同じように全線を開通させる予定だ。

山田線（盛岡駅〜宮古駅〜釜石駅）の宮古駅〜釜石駅間は津波にのみ込まれて、現在、運休中だ。同区間は代替バスが走る。代替バスは宮古駅から「道の駅やまだ」までが岩手県北バス、「道の駅やまだ」から釜石駅までが岩手県交通で利用できる。

この区間では、代替バスに乗ってもＪＲの運賃が適用される。岩手県や被災沿岸四市町で作る「公共交通確保会議」で、一時的にＢＲＴ（バス高速輸送システム）で仮復旧をすることになったからだ。ＪＲ東日本としては、山田線をＢＲＴとして復旧することを提案していた。だが、沿岸四市町はこの案に反対。あくまでも鉄道としての本格復旧を求めた。

岩手県と三陸一二市町村で作る「山田線復興調整会議」では、関係自治体の負担を避けつつ、早期の鉄道復旧を目指すことと、三陸鉄道による山田線の運営とをＪＲ側に提案した。その結果、ＪＲからは①一時金を五億から三〇億に上積みする、②車両の無償譲渡、③軌道を強化、④検修庫、施設管理拠点の整備、⑤人的支援、⑥観光客誘致で協力などの提案があり、県と関係市町村が合意した。

復旧費用は、ＪＲ東日本が負担する。その後の運営は、三陸鉄道がしていく。一六年一〇月の「希望郷いわて国体」までに宮古駅～豊間根《とよまね》駅間と、釜石駅～鵜住居駅間を先行して、三陸鉄道の路線として開業する予定だった。だが、のちに一八年度中の全線復旧を目指すことになった。

鉄道の復旧は、心理的なつながりをもたらしやすい。自治体が鉄道にこだわったのは、そういう意味も含まれている。しかし、山田線は乗車率が低い。国交省の鉄道統計年報によると、輸送密度（平均通過人員）は、一九八七年には宮古～釜石間で一七一九人だったが、一九九七年には一一〇五人まで減少。その後も減り続け、震災の前年には七〇二人と落ち込んでいた。運行再開後は、駅を活用したイベントなどで利用促進を図ろうとしている。

東北の太平洋沿岸部の路線は、八戸《はちのへ》駅～久慈《くじ》駅間のＪＲ八戸線と、久慈駅～宮古駅間の三陸鉄道北リアス線、宮古駅～釜石駅間のＪＲ山田線、釜石駅から盛《さかり》駅間の三陸鉄道南リアス線、盛駅～気仙沼駅間のＪＲ大船渡《おおふなと》線、気仙沼駅～前谷地《まえやち》駅間のＪＲ気仙沼線がある。これらは総じて「三陸縦貫鉄道」と呼ばれている。ちなみに、ＮＨＫの朝ドラ「あまちゃん」の舞台になった久慈駅は、北リアス線の駅だ。

山田線が三陸鉄道として再開すれば、八戸駅から盛駅までは線路で復旧することになる。大船渡線の盛駅から気仙沼駅までと、気仙沼線の気仙沼駅から柳津《やないづ》駅までがＢＲＴで復旧しているが、鉄道との一体感がないという声や、観光に支障があるとの声も聞こえる。

大船渡線がＢＲＴによる本格復旧を受け入れたのは、「大船渡線沿線自治体首長会議」で議論した結果だった。その際、ＪＲ東日本側は、大船渡魚市場前駅の新設や沿線高校生の要望を踏まえたダイヤ改正、意見交換やモニター募集による意見収集などをおこなっている。

岩手県側の大船渡市長は「BRTによる本格復旧はやむをえない」と述べ、岩手県の陸前高田市長は「一部区間でも鉄路復旧を求める意見がある。BRTを受け入れるのであれば、持続性の確保や利便性の向上などについて担保が必要」との意見を出した。宮城県の気仙沼市長は「大船渡市と陸前高田市の意向を尊重」という一方で、「大船渡線の宮城県内の最北端だった上鹿折《かみししおり》駅までのJR東日本としてのアクセスを将来的に確保してほしい」と要望した。

気仙沼線では、南三陸町と登米市《とめし》がBRTでの復旧を合意した。南三陸と登米市の間は鉄路が一部残っており、「観光客の多くは自家用車や高速バスを使う。本年度は三陸沿岸道路が町内に延び、仙台市まで一時間で結ばれる。レールが残る柳津（登米市）～陸前戸倉《りくぜんとくら》（宮城県南三陸町）間の鉄路復旧を求めてきたが、鉄路にこだわれば乗り換えが増え、利用者には不便だ」との南三陸町長の意見もあった。

ただし、各自治体の首長の決断は、実際に利用している住民の声を反映しているとは言い切れない。

「JR大船渡線・気仙沼線全線の鉄路での復旧を早期に実現する南三陸の会」では、JR線の鉄路復旧を訴えている。同会は、一六年二月二八日に設立総会を開き、約二〇〇人が集まって鉄路での復旧を願った。気仙沼高校にBRTで通う高校生は同会の会合で、「朝の課外授業に出たいのに始発でも間に合わない。後輩に同じ思いをさせたくない」と訴えていた。また、「山田線を実現する会」と連携した署名活動で、一万四三八二筆を集めた。

このほかにも、会合では「通学通勤時間が重なり、輸送キャパが不足している」「バス停は雨天ではずぶ濡れになる」「トイレがない。高齢者や体調が悪い人にはきつい」「一般道接続時には渋滞になる」「バスは運転が荒いので通学時の勉強ができない」「具合が悪くなる」などの声も出ていた。

同年六月、南三陸町は戸倉地区の住民と意見交換会を開いた。そこでの議論をふまえ、七月には鉄路が残る柳津～陸前戸倉間について、JR東日本の提案通りにBRTでの運行を受け入れる意向を伝えた。

また、気仙沼市では、JR東日本とのあいだで仙台へのアクセスや地域復興の点でもう少し議論が必要との協議をしていた。路線バスでは、定時運行が確保されるとは限らない。しかも長距離の場合は渋滞が発生したり事故が起きるなど、通学で利用する高校生にも、病院などに通うお年寄りにも、相当の心理的な負担が強いられる。しかし、BRTの継続を受け入れた。

もちろん、これらの路線が鉄路として復旧しないのは、利用客が少ないことも一因だ。鉄道統計年報によると、一三年度の平均通過人員(一キロあたりの旅客数)は、一四年四月一日に廃線となった岩泉《いわいずみ》線が二三人でワースト1で、大船渡線は五七二人、気仙沼線は六三人と、いずれも平均通過人員が一〇〇〇人にも至っていない。

ただ、山田線も二七四人とそれほど多くなかったが、岩手県と関連市町村が一致して、BRTによる復旧に反対した。一方、大船渡線や気仙沼線は、それぞれの自治体に判断を委ねた結果、JR東日本からの提案通りにBRTでの復旧という〝現実的〟な判断をせざるをえなかった。

利用者が少ないとはいえ、鉄道の路線を廃線にしたり、バスに振り替えることに対しては、住民から心理的な反発が出てくる。「鉄道でつながっている」という感情は、住民にとってたいせつなものなのである。ＢＲＴは、そうした住民の気持ちを持続させることができるのだろうか。

被災地復興とスポーツイベント

二〇二〇年に東京オリンピックが開かれる。競技場や試合会場の関連工事によって、被災地から復興関係者が減ってしまったと言われている。働く現場が同じような工事現場であれば、報酬が高い方に人は流れる。被災地よりも東京のオリンピック関連の工事現場のほうが報酬が高いし、都心部のためにストレスを解消する遊び場も多い。単純に考えれば、被災地から東京に人が流れる。

資材も高くなった。輸入によるものであれば、円高だと高騰してしまう。それだけではない。被災地で多くの資材を使い、さらにオリンピック関連の工事で需要が拡大することも一因だ。

帝国データバンクの調査（二〇一三年一〇月調査、調査対象は二万二七六六社。有効回答は一万七六九社、回答率は四七．三％）では、東京オリンピックが自社業績にプラスの効果をもたらすと答えた企業は、三三・四％。業種別では、サービス業三六・三％、製造業三四・三％、建設業三三・九％。一方で、マイナスの影響を予測する企業もあり、建設業では一四・四％となっている。とくに地方の建設業者は人材不足となり、東日本大震災の復興工事がおろそかになると回答しているところもある。

被災地の復興という観点でみれば、東京オリンピックの開催は、ただただ復興のスピードを遅らせる効果しかない。なぜ二〇二〇年という時期に、東京でオリンピックを開催しなければならないのか。私は疑問に思っている。

一九六四年の東京オリンピックは、日本の近代化のステップに一役買った。東海道新幹線や東京モノレール、首都高速道路が整備されたのもこの時期だ。六四年のオリンピックは、近代化とセットで投資する意味を持っていた。

しかし、二〇二〇年の東京オリンピックはどうか。特に新しいインフラの整備がなされるわけではない。観光客が増えることには一定の意味があるかもしれないが、オリンピックで生まれた需要は、開催後にも続くとは限らない。近年のオリンピックでは、どの国や都市も同じ問題を抱えている。開催後の失業が問題になっている。

オリンピックは特定の都市が主催となって開催される。よって、二〇年は原則的には東京を中心とした地域でおこなわれる。ただし、仙台市など被災地での分散開催を実現するのならば、インフラの復旧が進むことにもなるし、被災地に観光の目が向けられることになる。一時的ではあるが、訪問者も増えるだろう。そういう気の利いた提案がなされるのであれば、オリンピックは復興を促進する可能性もある。

東京オリンピックの前年となる一九年には、ラグビーのワールドカップが日本で開かれる。その開催都市のひとつが、被災地である岩手県釜石市だ。また、阪神淡路大震災の被災地である神戸市や熊本地震の被災地である熊本市・大分市でも試合がおこなわれる。東日本大震災の復興だけでなく、災害のあった地域の復興を象徴するような大会になりそうだ。

釜石市は、一九七九年から日本選手権七連覇を果たした「新日鉄釜石」ラグビー部の本拠地である。現在は「釜石シーウェーブス」というチーム名で、関東ラグビーフットボール協会主催の地域リーグ「トップイーストリーグ」の一部に所属している。「シーウェーブス」になったのは二〇〇一年からだが、〇三年には日本選手権に一九年ぶりに出場を果たしている。震災後の一一年八月、新日鉄釜石ラグビー部OBらで作る復興支援NPO「スクラム釜石」がワールドカップ誘致を市に提案していた。

市では復興基本計画にワールドカップの誘致を含めた。一四年一一月に開催地が発表された。しかし、誘致活動をしている時期に、関係者のあいだでラグビー熱が高かったわけではない。招致活動をしている関係者に取材をしても、盛り上げている印象はなく、市をあげてのラグビー誘致には見えなかった。

いずれにせよ、アジアでは初めてのラグビーのワールドカップ開催。日本のほか、イタリアと南アフリカが最終的に立候補していたが、そのなかで勝ち抜いた。開幕戦は東京スタジアム、決勝戦は横浜国際総合競技場でおこなわれる。

第八回（一六年）のイングランド大会では、日本代表が好成績を残した。とくに南アフリカ代表に勝利したのは歴史的な偉業といえる。しかし、プールBで三勝一敗だった日本は、得失点差で決勝トーナメントに進めなかった。

世界との差をこれほど縮めた日本代表は、これまでなかった。そのため、メディアも注目し、ラグビーファンも増えた。この気運をうまく利用しない手はないと思う。ラグビー協会をあげて、釜石や神戸、熊本、大分という被災地での試合開催を盛り上げるような工夫をしてほしい。だが、ラグビー協会に、現在のところ、そのような姿勢は見られない。

仙台市もワールドカップの開催地に立候補していたが、選ばれなかった。仙台市と釜石市での開催になれば、被災した二都市で共同イベントがおこなわれるなど、地域復興のチャンスとなったであろう。新幹線で仙台まで行き、「仙台まで来たのだから、釜石にも行ってみよう」と思う人もいたはずだ。

ちなみに、釜石の競技場は、震災前に鵜住居小学校や釜石東中学校があった場所に建設する。津波で被災したため、両校の校舎ともに取り壊され、防災機能があるスポーツ公園を整備し、そこに「釜石鵜住居復興スタジアム（仮称、収容人員一万六一八七人）を建設中だ。

スタジアムは一八年秋に完成予定だが、間に合うのかが心配だ。また、総工費は約二七億円だが、それに見合う効果が見込めるのか。試合以外でも盛り上げる手段はあるはずだ。〇二年のサッカー・ワールドカップ日韓大会では、試合がおこなわれる都市以外でも、キャンプ地の誘致合戦が繰り広げられた。ラグビーのワールドカップでは、釜石での試合は割り当てが少ない。日本代表や強豪国の試合はできない。試合だけでなく、キャンプ地としての誘致ができれば、地域のムードはいまよりも盛り上がる。

また、一六年の第七一回国民体育大会「希望郷いわて国体」（本大会は一〇月）でも、釜石はラグビー（成年男子・女子）の会場になっている。国体とワールドカップのあいだにプレイベントを開催し、市民とともに盛り上がりがあれば、ムードもよくなるに違いない。

スポーツで見てみると、釜石市は盛り上がりつつある。一六年の第八八回選抜高等学校野球大会で釜石高校が二一世紀枠で出場した。合併前の釜石南高校が九六年の第六八回大会に出場して以来、二〇年ぶり二回目の出場だ。初戦は二一世紀枠同士となる小豆島高校と対戦し、二対一で勝利した。また、中学生も健闘している。釜石東中学が「中学のセンバツ」といわれている第七回全日本少年春季軟式野球大会に初出場した。

こうしたスポーツ熱が、ラグビーのワールドカップとリンクすればよいのだが。そのためには、官民あげてのラグビー熱を高める工夫が必要だ。市内外の観光資源ともつながれば、絶大な効果も期待できる。そうした機会を活かすには、被災自治体が努力するだけでは、力不足にならざるをえない。

減り続ける被災地の人口

東日本大震災の被災地では、人口の減少傾向が続いている。たとえば、岩手県では震災前（二〇一〇年）と震災後（一三年）では、県全体で二・六％減少している。とくに沿岸部は七・七％も減った。減少率がもっとも高いのは大槌町。震災前は一万五二七六人だった人口が、震災後は一万一九〇九人となり、約三三〇〇人も減っている。震災時の津波で町の中心部が壊滅し、周辺の町に移住した人が多い。また、地元で仕事も見つからない場合は、盛岡市などの県の内陸部や仙台市、東京などに出て行く。

被災地のなかでは、注目度が高いほうだった。報道もそれなりに多かったのではないかと思う。しかし、注目度が高いことと、そこで生活し続けられるかどうかは別の話だ。震災からの復興という視点だけでなく、人口が減少するなかで、町はいかにあるべきかが問われることになる。

人口減少は震災由来だけではない。厚生労働省の社会保障・人口問題研究所が発表した、四〇年の将来人口推計がある。それによると、県全体では、震災前の約三割が減少する。沿岸部では四割も減ることになる。減少率が最大である沿岸部の岩泉町。一三年時には震災前との比較では六・五％減少にとどまっていたが、四〇年の推定は五〇・九％の減少となる。つまり、三〇年間で人口が半分になる。

震災後の減少率が最大だった大槌町は、四〇年には四八・三％減少することが見込まれている。

〇八年一一月、釜石市・大槌町合併協議会の設置案が議会提案された。同年九月の時点でおこなわれた住民意向調査では、釜石では「賛成」六九・九％、「反対」一七％で賛成が多く、釜石市議会では可決となった。一方、大槌町では、賛成四二・四％、反対が三五・〇％だった。その後の協議の結果、町議会は協議会の設置案を賛成少数で否決した。

大槌町では、「釜石とは一緒になりたくない」という意見を何度も聞いた。地域の成り立ちも文化も違っていると感じている人が多い。また、人口の差があるなかで合併すれば、対等な合併にはならないことを心配する人が多いのもうなずける。

人口減少のなかで、各自治体はどのような道を模索するのか。震災後に合併した自治体では、自治体の規模が大きくなり、行政機能も集約されたため、きめ細かな対応ができなくなった、という住民の不満が噴出している。

石巻市と東松島市、女川町を含めた石巻圏域の、震災後の人口減少は九・七%。宮城県全体では〇・六%減なので、石巻圏域は人口減少は激しいエリアだといえる。なかでも、女川町が目立って減少率が高い。町の人口は、一九六五年の約一万八〇〇〇人をピークに減少し続けてきた。

一〇年の国勢調査で、女川町の人口は一万五一人だった。しかし、人口の一割近くとなる八二七人が震災で死者・行方不明者となった。一五年調査では、人口の減少率が三六・九%で県内で最悪となる。町の人口統計によると、一六年四月末現在の人口は六八三九人。うち約四〇〇人は、復興作業のため町内に住んでいる住民である。

創業本気プログラムや石巻線が女川駅まで開通したことなどが影響したのか、一六年四月、一時的に増加した。起業や観光などの復興需要があるからこそ、留まっている人たちもいる。震災後の応援という意味で観光に来ている人もいる。創業本気プログラムとは、創業する際のスタートアップに必要な学びを、NPOアスヘノキボウが提供するもの。プレゼンテーションの方法のほか、税制や法務などを学ぶ。また、地方での行政や民間をどのように巻き込んで事業を展開していくかというフレームも学ぶ。

しかし、五月以降、再び人口が減り始めた。

原発とまち作りがセットだった女川町。福島第一の事故後、東北電力の女川原子力発電所（以下、女川原発）は稼動していない。稼動すれば関連業者を呼び込むことができ、税収も増える。とはいえ、原発の稼働は、どうしても震災時の原発事故を人々に想起させてしまう。原発とともに歩んで来た町の悩みは大きい。

国道六号線と住民の絆

東日本大震災に伴って福島第一の事故が起きた。二〇一一年四月二二日には福島第一から二〇キロ圏内が警戒区域に設定され、立ち入り禁止となった。警戒区域内の幹線道路である国道六号線も通行が禁止となる。その国道六号線が、一四年九月一五日午前〇時から、三年半ぶりの全線開通となった。

国道六号線は東京の日本橋《にほんばし》を起点とし、仙台市宮城野区《みやぎのく》を終点とする、走行距離三四五・五キロの幹線道路だ。東京都、千葉県、茨城県、福島県、宮城県を通る。なかでも、日本橋から茨城県水戸市までは、江戸時代に水戸《みと》街道と呼ばれ、明治時代以降、岩沼市までが陸前浜街道と呼ばれた。東京と仙台を結ぶ道路としては、内陸部を通る国道四号線とともに重要な交通網だ。

震災後、私が国道六号線を車で初めて通行したのは、一一年三月二六日。このときに訪ねた福島県南相馬市原町区のほとんどは、福島第一から二〇〜三〇キロ圏内。この時期は、屋内待機の指示が出ていた。のちに緊急時避難準備区域となった。

取材のため、原町第一小学校の体育館の避難所に向かった。福島第一から二〇キロ圏内となっている同市小高区《おだかく》の住民が避難していた。ところが、避難しない高校一年の男子学生がいた。避難先の状況がわからないため、ペットと一緒に避難することができなかったからだ。「犬と離れるのが嫌だ」と話していたこの学生は、家族が新潟県などに避難して離ればなれになっても、犬と一緒にいたかった。

また、避難所に小高区の男性（六〇代）がいた。避難指示があったときの話を聞いていると、その男性は「自宅付近がどうなっているのか、知りたい」と言う。着の身着のまま、避難したからだ。私は「男性の自宅を撮影してくる」と約束した。

男性の自宅は、福島第一から約一六キロ付近にある。二〇キロライン付近には警察が立っているが、自己責任で立ち入ることが可能だった。男性の自宅に近づくと、自宅と思われるものなどいくつかの家屋をビデオで撮影した。付近は、小高川から遡上した津波の影響のためか、漂流物が残されていた。その映像を見せるため、避難所に戻った。その映像を見て、男性はほっとした様子であった。そして、「近所のみんなにも見せてあげたい」と言っていた。

この時期は、まだ二〇キロ圏内は「警戒区域」に設定されていない。指定されるのは一一年四月二二日からだ。そのため立ち入り禁止ではなく、自己責任で立ち入ることができた。国道六号線を南下すると、福島第一から二〇キロほど離れた付近に警察の検問があった。警察官に止められたとき、私は先に進む目的を「取材」と告げた。

「記者のみなさん、ここから先には入っていないですよ」と警察官が言うので、どうしても取材したい旨を告げると、困った顔をしながら「自己責任でならいいですが」と言った。さらに南下し、男性の自宅付近を撮影したのを覚えている。このときは線量計を持っておらず、放射線対策をしていたわけではないので、さらなる厚着をし、マスクを着けるなど重装備の服装になった。空間線量がどのくらいあるのかはわからないので、緊張した。

南相馬市など警戒区域になった地域の住民たちは、いわき市にも避難した。いわき市役所から南相馬市役所まで八三キロあり、国道六号線をまっすぐ進めば、車で二時間もかからない。しかし、警戒区域を通れないので、一度、いわき市から郡山市に向かい、本宮市から飯舘村《いいだてむら》を通って、南相馬市に向かう必要がある。このルートだと約一六〇キロで、三時間半ほど。しかも国道六号線ほど平坦な道ではなく、山岳地帯を通る。時間だけでなく、燃料費も余計にかかる。

前述したとおり、その国道六号線の全線が開通した（一部区間は二輪車の通行は禁止）。それまで南相馬市から東京都心部に向かうには、東北道の本宮《もとみや》インターチェンジ（以下、ＩＣ）まで約一時間半かけて走り、さらに三時間弱で都内に入る。もしくは、仙台方面に行き、仙台東道路から仙台南道路、東北道を通って戻るルートで、走行距離は約三四〇キロ、走行時間は四時間半ほどであった。

全線開通後、南相馬市から東京へ戻るとき、国道六号と、富岡《とみおか》ＩＣまで開通した常磐道を使った。約三時間半で戻ることができた。走りながら、帰宅困難区域や避難指示解除準備区域を通過する。一部区間は高線量なため、自転車やバイク、徒歩では通行ができなかった。双葉町を通過するときは、福島第一の横を通る。原子炉建屋で作業をするためのクレーンが見える。現在は常磐道が全線開通している。

国道が全線開通したからといって、周辺に人が住めるとは限らない。ただし、被災地の復興作業やボランティア、取材、観光をする人たちにとって、全線開通は歓迎すべきことだと言える。人の交流も物の流通も、閉鎖前と比べてより活発になる。

そんな国道六号線だが、批判を浴びた出来事があった。「みんなでやっぺ！　きれいな六国」実行委員会が主催した国道六号線の清掃活動だ。一五年一〇月一〇日、五年ぶりに国道六号線沿線の一斉清掃がおこなわれた。私も福島県広野町の会場を取材した。福島第一から約三〇キロ付近だ。地元の中高生も参加していたが、その多くは復興関連事業の関係者のように見えた。

この時期、広野町の小中学校は再開していた。しかし、国道の草の茂みは「高線量だ」と言う人もいた。そんな場所で「放射能に汚染されたゴミの片付けをなぜ子どもにさせるのか？」という声も出た。もちろん、この清掃の目的は除染ではない。一般ゴミなどを拾う活動だ。活動に反対する人が線量計で周辺の空間線量の数値を測り、ツイッターなどにアップしていた。

反対の声のなかには、主催団体NPOハッピーロードネットへの疑問も出されていた。理事長である西本由美子《にしもとゆみこ》氏は、「憲法改正を実現する一〇〇〇万人ネットワーク　美しい日本の憲法をつくる国民の会」（以下、一〇〇〇万人ネットワーク）の代表発起人だ。

ただし、ハッピーロードネットの設立趣旨と一〇〇〇万人ネットワークの活動趣旨は違っている。もちろん、ハッピーロードネットの設立趣旨には、憲法改正に関連した内容は一切、触れていない。地域の社会的な課題を解決するために、人脈づくりや情報受発信をしていくことが目的だ。その意味では、一〇〇〇万人ネットワークとは関係がない組織だとも言える。

団体の性格の不可解さや、空間線量が高い地域で子どもに清掃をさせることへの疑問が噴出し、一部の住民から主催団体に抗議の声が届いた。

開沼博氏は、「無理解と『福島＝絶対危険という価値観以外認めない』というイデオロギーが背景に存在している。(中略) 再開のきっかけは地元の子どもの強い思いがあってのこと。線量の高い地点が残る避難区域の清掃は大人のみが行った。もっとも、いわき市から新地町までの清掃範囲の中で避難区域は限定的だ」(「福島民友新聞」、一五年一一月二日付) と抗議に反論している。そして「いかなる理屈があろうと、抵抗するすべを持たない罪なき地域の一住民が根拠なく『殺人者』扱いされ吊し上げを食らう理由はない。少数者のおこないであろうと、ヘイトスピーチ、ヘイトクライムが公に存在し、そこに生きる人の尊厳を脅かす状況は許されない」とも述べている。

私は、開沼氏の論調に基本的には賛同している。福島県内だからといって、また福島第一から近いからとって、どこでも線量が高いわけではない。そのことは、実際に現地で線量計を使って測ったことがある私の経験からもわかっている。とくに、国道六号線付近は海に近く、風も強い。線量が高くない場所がほとんどだ。

しかしながら、開沼氏の論調に正当性をより高めるのなら、清掃活動をする範囲の当日の空間線量がどのくらいあったのか、また中高生が放射線を浴びた時間はどの程度だったのかということが、情報として公開されるほうがよい、と私は考えている。そうしておけば、それほど反対の声はなかったのではないだろうか。情報の少なさによって、過度に反応してしまっている人もいたようにも思える。

もちろん、ゼロベクレル (まったく放射線がない状態) でなければいけないという考えであれば、いくら議論してもかみ合わないだろう。学ぶ姿勢があれば、共有できる考えが生まれてくるはずだ。

第4章

震災の傷痕とどう向き合うのか

〈第4章扉　写真〉
宮城県石巻市の大川小学校。津波によって、児童74人と教職員10人が死亡・行方不明となった。（2011年4月16日撮影）

泥棒と震災

震災直後の被災地の治安に関しては、とくに混乱もなく、整然としていたというイメージを持つ人が多かったのではないか。海外メディアでは、物資を配布する列で並ぶ人々を取り上げ、どれだけ礼儀正しいかと伝えていた。一方で、混乱に乗じた窃盗などの犯罪はあったのも事実だ。

少年たちが津波被害にあった店舗を荒らしていたのを見たことがある。仙台港付近を取材していたときだ。中学生らしき集団が自転車に乗っていた。こんなところで何をしているのかと思い、あとをつけた。すると、店舗と思われる建物に入って、何かを物色していた。しかし、金目の物や使えそうな物がなかったからか、何も取らずに店から出てきた。

また、岩手県沿岸部で聞いた話だが、あるお年寄りが探し物をしているとき、近くに被災したパチンコ店があったので入ってみた。すると、パチンコ台や両替機が壊され、なかの現金が抜かれていたという。「現金欲しさに、こんなところまで来て、パチンコ台を壊している人がいるんだね」とそのお年寄りは話していた。

前述のとおり、福島第一の事故によって、同原発から二〇キロ圏内は立ち入りが制限された。そのエリア内のコンビニの現金自動預け払い機（以下、ＡＴＭ）やレジは、ほとんどが破壊されていた。二〇キロ圏内を取材していた私は、コンビニに立ち寄るたびにＡＴＭをチェックしたが、壊されていないコンビニはほぼなかった。そして、コンビニのＡＴＭ破壊は、立ち入り制限区域だけではなかった。福島県以外の津波被災地域でもコンビニのＡＴＭが破壊されているのを目撃した。

盗まれたのは現金だけではない。たとえば、震災から一〇日後には、ガソリンを盗んだという逮捕者が出ている。

福島県警須賀川署は二一日、住所不定、無職の男（二〇）と郡山市の無職少年（一九）を盗みの疑いで逮捕した。発表によると二人は同日午前三時一〇分頃、須賀川市の団地に駐車していた軽トラックからガソリン約一〇リットル（一五三〇円相当）を抜き取って盗んだ疑い。同署の調べに対し、二人は「車で遊びに行きたかったが、ガソリンの入手が困難だった」と供述している。

一方、郡山署は同日、自称、伊達《だて》市《し》梁川町《やながわまち》の無職男（五二）を盗みの疑いで逮捕した。発表によると、郡山市三穂田町《みほたちょう》の作業場内からガソリン八リットルが入ったポリタンクなど二点（二三〇〇円相当）を盗んだ疑い。男は容疑を認めている。（読売新聞ウェブ版、二〇一一年三月二三日付、著者注…記事では二〇歳の逮捕者は実名）

震災直後は、どこもガソリン不足となっていた。前者のケースで現場となった須賀川市は、地震の影響で液状化した地域だ。後者のケースで逮捕された男は伊達市の在住。伊達市は、同原発から二〇キロ圏内ではないが、事故後の風向きによって空間線量が高い地域が出た。

現行犯逮捕された人のなかには元プロ野球選手もいた。

福島第一原発から三〇キロ圏内の屋内退避地域で被災した電柱の電線を盗んだとして、福島県警南相馬署が窃盗容疑で住所不定、福岡ソフトバンクホークスの元選手、伊奈龍哉《いなりゅうや》容疑者（二二）ら三人を現行犯逮捕していたことが三一日、分かった。

同署によると、三人は「金ほしさのためにやった」と容疑を認めているという。

伊奈容疑者は平成一八年、高校生ドラフトの三巡目で指名され、近江《おうみ》高校（滋賀県）からソフトバンクに入団。〇七年に戦力外通告を受け退団している。（「読売新聞」ウェブ版、一一年四月一日付）

三ヶ月後、福島地裁は、三人のうち二人に懲役二年、執行猶予四年の有罪判決をいい渡した。裁判官は「震災の混乱に乗じて傷口に塩を塗りこむようなものだ」と述べている。三人は被災地から遠い場所からやってきていた。「金ほしさ」が理由のようだが、なぜわざわざ福島県まで行ったのか。

派遣された自衛官で、窃盗をおこなう者も出てきた。

陸上自衛隊の警務隊は一九日までに、福島第一原発事故の災害派遣先からトラックを盗んで逃走したとして、窃盗容疑で第一特殊武器防護隊（東京都練馬区《ねりまく》）の三等陸曹前床祥一郎《まえどこしょういちろう》容疑者（三二）を逮捕した。陸自は同日付で懲戒免職処分とした。「原発事故に対する恐怖心から、パニックになって

逃げた」と供述しているという。（共同通信、一一年四月一九日付）

逮捕された自衛官は、震災の翌々日から郡山駐屯地に派遣されている。この時期は、原発事故がどのように展開していくのかわからなかった。未知の原発事故で恐怖心を抱いても不思議ではないが、訓練されているはずの隊員が「パニックになって逃げた」というのは、どういう心理状態だったのか。ほかの隊員も一緒にいたはずだが、何の予兆もなかったのだろうか。「逃げた」としても、トラックを盗み、かつ逃走用として民間の車を盗むとはいかがなものか。緊急事態に備えているのが自衛隊だ。自衛隊は震災支援では支持がされていたが、これでは警戒する必要が出てきてしまう。

自衛官による窃盗は、これだけではない。

東日本大震災で福島県南相馬市に派遣され、行方不明者の捜索中に同僚隊員が回収した遺留品の現金を盗んだとして、陸上自衛隊第一空挺団（千葉県船橋市《ふなばしし》）は二一日、男性陸曹長（四五）を懲戒免職処分にした。警務隊が窃盗容疑で近く書類送検する。

空挺団によると、陸曹長は五月二七日、南相馬市で活動中に同僚隊員が集めて保管していた現金三万二千円を盗んだ。同僚隊員が目撃して発覚。警務隊が窃盗容疑で捜査し、九月二九日に摘発した。「小遣いが欲しかった」と供述している。（「朝日新聞」ウェブ版、一一年一〇月二一日付）

陸曹長は、行方不明者の捜索中、犯罪に手を染めてしまった。
復興作業中の県民も、罪を犯してしまう場合がある。

東京電力福島第一原発事故で全町避難している福島県大熊町《おおくままち》の民家から骨董品《こっとう》を盗んだとして、福島県警双葉署は二七日までに、盗みの疑いで、いわき市草木台《くさきだい》四丁目、会社員の男（四四）を逮捕した。同署は男の自宅や車から骨董品や美術品約四七〇点を押収。避難区域内で空き巣を繰り返していた疑いがあるとみて、裏付けを進めている。

逮捕容疑は三月二六日午後二時ごろ、大熊町大川原《おおかわら》の居住制限区域にある民家に侵入し、キセルや皿など四点（二万九〇〇〇円相当）を盗んだ疑い。男は「二〇一二年一〇月ごろから、大熊町で数え切れないほど盗みに入った。骨董品が好きでやめられなくなった」と供述しているという。（「河北新報」、一五年四月二八日付。記事では実名）

警戒区域を取材していると、窓や扉の開いている家がたくさんあることがわかる。私のように県外ナンバーの車でうろうろしていると、警戒中の警察官が声をかけてくることが多い。一方、地元ナンバーであれば、声をかけられることは少ない。しかも、立ち入り制限区域への許可証を持っていれば、なおさら警戒されない。そんな立場を利用して、会社員は犯行を重ねていた。
震災直後、こうした窃盗犯罪がここでは書ききれないほど起きていた。

震災と性犯罪

震災後の性犯罪も大きな問題だ。

東日本大震災では、二〇一一年四月七日深夜、最大の余震（仙台市で震度六強）が起きた。そのため、少なくとも東北の太平洋側沿岸部は停電となっていた場所が多かった。ちなみに、このとき私は宮城県松島町《まつしままち》の海に近い旅館にいて、津波注意報が発令されたため、復興作業に来ていた官庁の職員たちとともに高台に避難した。部屋は五階だったが、万が一を考えての判断だった。このとき、周囲は停電になっていた。

この停電を利用した強姦事件が起きた。

岩手県警盛岡東署は八日、盛岡市盛岡駅西通、会社員（二九）を強姦と住居侵入の疑いで逮捕した。発表によると、会社員は、七日深夜に発生した地震の影響で同市内が停電した八日午前〇時五〇分から同一時三五分までの間に、同市内の女子学生宅に侵入し、女子学生に乱暴した疑い。二人に面識はなく、会社員は住居侵入容疑は認めているが、強姦については否認しているという。（「読売新聞」ウェブ版、一一年四月八日付、記事では実名）

男は明治安田生命の会社員だったが、逮捕後は懲戒免職になった。そして、この男には余罪があった。盛岡東署が未解決のレイプ事件を照会したところ、〇五年三月二四日、東京・武蔵野市内の女性宅に侵入し、女性を強姦した上、現金四万円を盗んでいたことがＤＮＡ鑑定で発覚。男は以前は、東京本社に勤務していた。事件後、男は盛岡に転勤したのだ。

男は強姦致傷で起訴され、裁判員裁判となった。東京地裁立川《たちかわ》支部の裁判長は、懲役二三年をいい渡した。池本裁判長は「日本中が震災で苦しむ中、余震に乗じた卑劣な犯行で社会的モラルが欠落している」と断罪した。

性犯罪を繰り返す犯罪者の場合、モラルの欠如という指摘は当たっているものの、それを指摘するだけでは、犯人の素行は改善しない。性犯罪者の更生プログラムを受けることにもなるが、二三年後に社会に出たとき、社会でどう処遇されるのかという点も問われる。

復興作業員による性犯罪事件も起きている。

福島地検は一三日、千葉県八千代市大和田、会社員（二七）を強姦致傷罪で福島地裁に起訴した。起訴状などによると、四月二三日未明、福島市本町の路上で県北の女子生徒（一七）に暴行を加え、両ひざなどに軽傷を負わせたとしている。同日に被害届を受けた同署が、会社員を強姦致傷容疑で逮捕していた。震災の復旧作業に来ていたという。（「毎日新聞」ウェブ版、一一年五月一四日付、記事では実名）

一方、被災者がボランティアを襲った事件もあった。

東日本大震災で被害を受けた宮城県気仙沼市の避難所で、ボランティアの三〇代女性に乱暴しようとしてけがをさせたとして、県警気仙沼署は三日、強姦致傷容疑で、同市長磯鳥子沢、会社員（三八）を逮捕した。同署によると、会社員は「知らない」と否認しているという。

逮捕容疑は三日未明、就寝中の女性の体を触った上、頭を殴ったり刃物で切り付けたりし、軽傷を負わせた疑い。（時事通信ウェブ版、二〇一一年七月三日付、記事では実名）

女性は、気仙沼市内の中学校でボランティアをしていた。会社員の男は一時、その避難所に避難をしており、両者には面識があった。ボランティアの女性数人は、避難者とは別の部屋で寝ていて、男はその寝込みを襲ったのだ。カッターナイフで切り付けたという。

二〇一一年一一月二二日に仙台地裁で裁判員裁判がおこなわれ、裁判長は男に懲役三年の実刑判決を言い渡した上で、「刃物を使い、執拗なわいせつ行為をしつつ、強姦しようとしており、卑怯」と指摘。「被害者がボランティアとして活動していることを知りながら、『ボランティアなんだから体を提供しろ』などと、被害者の気持ちを踏みにじる発言をした点も許せない」と述べていた。

ここで注意してほしいのは、「震災が起きると性犯罪が増える」という言説である。実際はどうなのか。強姦の統計で見てみよう。強姦は親告罪のため、実態を反映しているとは言いがたく、暗数が多いことをあらかじめ断っておく。

宮城県警の統計によると、強姦の認知件数は、〇七年が四九件、〇八年が二四件、〇九年が二八件、一〇年が二七件。震災の年である一一年は一五件、一二年は二三件、一三件は一九件、一四年は一六件、一五年が二三件となっている。岩手県警の統計では、震災前の〇九年が八件、一〇年が一五件。震災の年である一一年が七件、翌一二年が一〇件、一三年が一三件、一四年が三件、一五年が五件。福島県警の統計では、〇八年が一六件、〇九年が一五件、一〇年が一八件。震災の年である一一年が一三件、一二年が一七件、一三年が一八件であった。

被災三県ともに、統計を見る限り、「震災が起きると性犯罪が増える」という言説が正しいとは言えない。震災前と震災後で強姦の認知件数にはあまり変化がないということを、統計の数字が示している。

大川小学校——理不尽な事故検証

宮城県石巻市の大川《おおかわ》小学校（以下、大川小）では、児童七四人と教職員一〇人が死亡・行方不明となった。亡くなった児童のうち、一九人の児童の遺族二三人が、安全配慮義務を怠ったなどとして、県と市を相手に損害賠償を求めている。仙台地裁の裁判長らが二〇一五年一一月一三日、現地視察をした。

原告の遺族たちは「避難でき、救える命だったことが体感できたのではないか」と口を揃えた。

現地視察には、高宮裁判長と原告側、被告側が参加した。原告側が一四年五月一九日の第一回の口頭弁論で、「三月一一日に現場検証をすること」を求めていた。日程は違ったが、裁判所はこの求めに応じたのだ。ただし、非公開の進行協議という位置付けでおこなわれた。報道陣は、裁判所から「(裁判長や原告、被告から)二〇メートル離れるように」と指示された。そのため、関係者間の具体的なやりとりを報道陣が聞き取ることはできなかった。

大川小は、平成の大合併前は河北町だった場所にある。追波湾《おっぱわん》にそそぐ新北上川の河口から約四キロほど上流の右岸にあたる釜谷地区《かまやちく》に位置する。大川小を含む釜谷地区の震災被害は甚大であった。市では、震災を忘れないという目的のもと、校舎を保存することを決めている。現在は、震災の教訓を学ぼうと、大川小には多くの人が訪れている。遺族らがガイドをすることもある。

震災当時、全校児童は一〇八人。このうち、七四人の児童が亡くなった。また津波にのまれながらも、四人の児童は助かった。教職員は一〇人が亡くなったが、当日休みを取っていた校長と、教員一人が助かっている。

三月一一日。今野《こんの》ひとみさん(四〇)は、自宅のあった針岡地区《はりおかちく》から峠を一つ越えた雄勝地区《おがつちく》(旧雄勝町)の病院で勤務していた。近くには雄勝湾に注ぐ川がある。その川は、大川地区方面の峠から注ぐ川と森林公園方面の峠から注ぐ川が合流して、湾に流れ出ている。

一四時四六分、地震があった。病院内にあった医療器具などは床に落ち、消毒管が割れた。ひとみさんは、床に落ちた破片などを掃除していた。すると、近くの薬局の人がやってきて声をかけた。

「ここにいたら危ないよ。大津波警報が出たから、早く逃げなきゃいけない」

地震の直後、停電になっていたが、薬局の人はラジオを聴いていた。それを聞いた院長が職員に「避難しよう」と声をかけた。

「薬局の人が来なければ、津波が来るのはわからなかった。逃げるときに変な静けさで、水道の音がいまでも耳に残っている、私たちが逃げてから一〇分ぐらいしてから、雄勝に津波がやってきた」

避難先は、雄勝地区から大川地区に至る「雄勝トンネル」の手前だった。トンネルに入らなかったのは、「通る時に地震が来たら、もう終わりだ」と思ったからだ。この場所からは津波の大きさはわからない。まさか、雄勝地区一帯が、さらに峠を越えた大川地区にまで被害が及んでいるとは想像していない。雄勝小学校や中学校にいた児童と教職員は避難できた。

ひとみさんは長女の麻理《まり》さん（享年一八）にメールを送った。家にいたようで、

〈家族みんな大丈夫だよ〉

との返信があった。しかし、それが長女との最期のメールになってしまった。麻理さんは、この日、友達と河北総合センター「ビックバン」にバトミントンをしに行っていた。朝、ひとみさんは「遊んでばかりいられないいんだよ。大学生になるんだから、自分のやることをちゃんとやらないといけないんだよ」と声をかけた。

石巻西高校の三年生で、七日に卒業式を迎えたばかり。四月からは大崎市《おおさきし》の短大進学が決まっていた。

「そんなことを言ったから早く帰って来たのかな？　いつもなら遅くまで遊んでいる子なのに……」

そう思って、自分を責めた。震災後、行方不明になっていた長女は、四月四日、遺体で発見された。

「車の免許を持っていたので、どこかに遊びに行っていてほしかった」

この長女と一緒に自宅にいたのは、義父の浩《ひろし》さん（享年七七）と義母のかつ子さん（享年七〇）、次女の理加《りか》さん（享年一七）だ。かつ子さんは三月八日に、理加さんは三月九日に、それぞれ誕生日を迎えたばかりで、浩さんはこの日が誕生日だった。

理加さんは高校二年生だったが、この日、通っていた石巻女子商業が高校入試の採点のため、学校は休みだった。そして、四人とも津波に流されてしまった。

「自分の家は大丈夫だと思ったんです。長女からメールも来ていたし、すっかり安心していた」

針岡にある家は、新北上川の右岸で、堤防の頭が県道三〇号になっていた。

「常日頃から、川が氾濫したらどうするのか、ということは話し合っていました。しかし、避難場所についてはあいまいな確認しかしていません。むしろ、『この川が氾濫したら、みんな終わりなんじゃない？』と言っていたんです」

大川小のある釜谷は、「釜谷交流会館」が洪水に見まわれた場合の避難場所だった。今野さんの家がある針岡では、洪水の避難場所は「間垣《まがき》老人憩いの家」だ。だが、今野さんの家では避難場所の確認などしていなかった。

「ここは土手《どて》（堤防）で川が見えない。水の恐怖自体がなかったみたい」

ただ、地震のことでは話し合っていた。

「家は、宮城県沖地震のあとに建てた家だった。元の家が傾いたんです。その地震後に建てた家だから耐震性はばっちり。『もし、うちの建物がダメなら、他の家も全部ダメ』と義母も言っていたくらい。だから、大きな地震があったあとにも、家にいれば安心だと思ったんじゃないのかな」

四月三日に遺体で発見されたとき、そう言っていた義母でさえも、家から逃げようとしていたのではないか、とひとみさんには思えた。

「服を着込んで、バッグ二個を持っていた。避難用具もバッグに入っていた。どこかに避難しようとしていたんじゃないかと警察に言われたんです」

トンネルの手前に避難をしていたひとみさんは、夫の浩行《ひろゆき》さん（四九）と連絡が取れないでいた。翌朝の四時頃、大川地区へ向かうが、「全部、水になっていた」と表現するほど、津波は新北上川を遡上しつつ、堤防を越えた。そのため、大川小のある釜谷や上流部の針岡も津波の被害にあった。

小学生の息子、大輔《だいすけ》くん（享年一二）はどこにいるのか？　避難できたのか？　それとも津波にのまれてしまったのか？　自宅の周辺を探したが、どこにも見当たらない。大川小の付近で「大輔！」と名前を呼んだが、返事をする息子はいなかった。少ないながらも大川小の子どもたちの生存者がいたが、そのなかの一人に出会った。六年生だと言う。

「ダイちゃんを助けられなかった」

どうやら、津波から逃げるとき、大輔くんは転んだようだ。そのとき、その子は襟首をつかんで立ち上がらせようとした。しかし、津波が来たため、襟首を離してしまった。

「ごめんね」

六年生の子どもが、そう言った。

もう一人の子どもは五年生で、「ダイちゃんに前に押された」ため、逃げることができたという。

「うちの息子が見つかったのは裏山。裏山には（生存した子どもが登った）道がある。もうちょっとだったのになあ。あの日は寒かったので、ジャンパーを着ていた。綿だから水を吸っていた。『どうして、こんなジャンパーを買ってあげたんだろう？』と後悔している。もうちょっと身軽な格好をさせてあげればよかった」

その後、ひとみさんは、生存した子どもたちから重要な証言を聞く。大輔くんが「山さ、逃げっぺ」と言っていたというのだ。

「先生、山さ、逃げっぺ。こんなところにいると、死んでしまうべ」

大輔くんは涙を浮かべながら、先生に必死に言っていたという。先生はそれに対してこう答えた。

「俺にもわかんない」

「どうして先生なのに、わかんないんだ」

子どもたちは食ってかかった。地震発生から津波の襲来までの約五〇分。教師たちは、二次避難の場所を「三角地帯」にするか、小学校の「裏山」にするかを議論していた。三角地帯とは、小学校から数百メートル離れた場所で、高台になっている。しかし、新北上川の橋のたもとにあるため、川に近づくことになる。これまで釜谷に津波が来たという記録がないことから、地域の人も巻き込んで議論になった。結局、避難する場所を「三角地帯」としたあと、校庭から動き出した途端に津波が襲った。

なぜ、子どもたちの声を無視したのか。教員たちには、危機感がなかったのだろうか。六メートルの津波という情報も子どもたちの耳に入って来た。市教委の聞き取りによると、一部の子どもは「六メートルなら、この校舎を超えっぺ。危ねえっちゃ」と言っていたという。

高学年の児童たちは、危機を感じていた。もちろん、子どもの判断は、これまで経験したことのない大きな揺れに影響されていたことだろう。しかし、こうした危機感は子どもだけでなく、地元の住民も持っていた。このようなやりとりがあったことを、市教委のとりまとめや遺族調査を通じて知ったひとみさんは、大輔くんの死が「自然災害による仕方がないもの」ではなく、助かった可能性があった、と思い始める。

「息子が先生に『山さ、逃げっぺ』と言っていた、と聞いてからは、何で先生は息子の言ったことを素直に聞き入れなかったんだろうと思ったんです」

ひとみさんは、大川小を訪ねたあとも、大輔くんら家族を必死に探し続けた。

「見つかるまでは無我夢中だった。見つけるためには現場に行くしかない。だから、夫と毎日、家族を探しに行きました」

新北上川の右岸には富士川《ふじがわ》があり、その上流部には白鳥の渡来地「富士沼」がある。その沼沿いには鳥屋森《とりやもり》という地域がある。その地域の土手で、自宅の畳や屋根を見つけた。

「このへんに子どもたちがいるかもしれない」

そう思って必死になって探す。アルバムは見つかったが、誰もいなかった。結局、麻理さんは原地区で、大輔くんは大川小の裏山で、義父と義母、そして理加さんは富士沼の丁字浜《ちょうじはま》で、自衛隊によって発見された。

思い出を語り出したら、きりがない。大輔くんは、もう少しで小学校を卒業し、待ちに待った中学生になるところだった。

「震災後、夢を見たんです。みんなで自転車でどっかに行くんです。息子は笑っていた。みんなで笑って、そうやって逝ったんだろうと。そう思うしかない。何で命が失われたんだろう？」

さらに、こうつけ加えた。

「助かった先生は、浜辺の学校を転々としていて、津波の怖さを知っていたと思うんです。その先生と山に逃げていればよかったのになあ。大きい子たちは不安や恐怖を感じていたと思う。低学年の子たちはわけのわからないうちに亡くなったと思う。どうしておとなが何人もいたのに……」

それにしても、なぜ柏葉《かしわば》校長がすぐ現場に来なかったのか。当日、校長は私用で不在だった。地震が起きたとき大川小に向かったものの、たどり着くことができなかった。ひとみさんが語る。

「現場に来たのは二〇日だったかな？　それまで（避難所になっていた）ビッグバンにいて、生存者の名前を確認していたらしい。子どものことが心配なら現場である学校へ急行しなきゃいけないと思う。遺体は、周囲の人や私たちが確認していた。やっと現場に来たと思ったら、金庫を探しに来たという。

卒業証書を探したらしい。金庫なんかどうでもいい。どうして遺体を探さなかったんだろう。学校は悪くない、という態度を見せられた。あとから謝られても何かねえ。最初から、きちんと態度で示してほしかった。何で早く現場に来てくれなかったのか。現場に急行すれば、誰かは助かったんじゃないかって思ってしまう。本当に、もしかしたら息子がいたんじゃないか。いろいろ考える。そういう思いばかり残っちゃって……」

ひとみさんには、校長への不信感が募っていた。現場では必死になって子どもを探している保護者や消防団、近所の人たちがいたのに、校長はあとから来たからだ。とにかく、震災後の対応には必死さが感じられない。そこに、遺族たちの気持ちを逆なでするポイントがありそうだ。他方、校長もそれなりに対応をした、という意見の遺族もいる。

校長は写真が趣味だった。献花台に置かれている大川小の全景写真も、校長が撮影したものである。趣味で撮影した写真を、震災後、有料で保護者らに配ったほどだ。裏山に登っている子どもたちの姿もある。また、山の上から校舎を撮影したものもある。山に登れることは体験的にも知っていた。

「校長先生は写真を撮るのが趣味だと言うが、写真を撮ってて、大川小が海に近いと気がつかなかったのか。海と川がつながっていると気がつかなかったのか」とひとみさん。

保護者説明会でも、校長の回答は歯切れが悪い。

「震災当日、校長は、学校に電話しても、携帯に電話しても、(学校にいた教頭などに)つながらなかったと言う。だから、連絡をとるのをあきらめてしまった。管理職なのだから、学校現場に来るのは当然でしょう。何を考えていたのか。なぜ来なかったのか。管理職とは名ばかりなのでしょうか。学校は人の命を預かっているのだから、その命を守るのもたいせつな仕事でしょう」

校長に対するひとみさんの不信感は強いままなのであった。

機能しない第三者委員会

私が大川小を初めて訪れたのは、二〇一一年四月一六日。学校に向かう前、偶然に大川小の児童の遺族から話を聞いた。大川小近くの釜谷地区に住む人たちは、石巻市の河北総合センター「ビッグバン」に避難していた。そこで高齢の女性がストーブに当たっていたので、話を聞いた。

「うちの孫の長女が高校を卒業したばかりで、四月から働くはずだった。新しい車にも乗っていた。あのときは、地震があったので、長女が『次女を車で迎えに行ってくる』といって小学校へ向かった。結局、車のなかで遺体で発見された。一人で亡くなっていたので、妹には会えなかったんだろう」

石巻市教育委員会（以下、市教委）では、予想される「宮城県沖地震」に合わせて、各学校に「防災マニュアル」等の改訂作業に取り組むように指示していた。しかし、大川小は「防災マニュアル」を見直していない。またマニュアルに書かれた二次避難の場所が「近隣の空き地・公園等」とあるだけで、「高台」とも書かれていない。

石巻市が作成したハザードマップでは、大川小が洪水の被害にあう可能性を指摘されていたが、津波浸水予想エリアにはなっていない。明治以降の記録でも、大川小のある釜谷地区には津波が来たことがないためだろう。ただ、津波の二次避難所が明確ではないために、津波到達時刻まで教員たちはどこに避難すべきかを議論をしていた。

当日の様子は、生き残った教員と子どもたち、学校に来ていた保護者、地域の人たちの証言をもとに振り返るしかない。市教委の説明や調査では、遺族は納得しなかった。文部科学省が仲介に入って、第三者の「大川小学校事故検証委員会」（以下、検証委）が真相を模索した。そして、一四年三月、検証委は「最終報告書」を提示した。

最終報告書では、さまざまな提言が示された。しかし、総花的な提言となった印象で、個別具体的な提言はほぼない。これは、大川小での当日の避難行動の詳細な検証を求めている遺族と、大川小の事故から一般的な教訓を引き出したい検証委の、目的のずれを象徴していた。

検証委は原則公開となった。そのため、遺族や地域住民、報道関係者の前で、各委員が意見を述べるというスタイルをとった。このほか、非公開の審議として、調査委員を中心に一部の委員も参加する議論も二五回ほど重ねた。そのほか、メーリングリストでの情報交換や議論もおこなわれた。

市側が検証委と契約した内容は、最終報告書を作成し、市側に提供すること。しかし、その前提となった各種資料をどうするのか、また報告書の内容を別の人が再検証できるように保存するかどうかも、議論の焦点となっていた。その議論は、遺族側から出されたものだった。そのため、契約上の義務ではないが、非公開を原則とした資料も事務局で保管することになった。

最終報告書では、事前対策、当日の避難行動、事後対応について、「事実」として認定した部分については、証言者によって内容が異なる部分は両論併記をしているものの、どちらがどの程度の信頼性の高さなのかはわからない。これでは市教委の調査と何ら変わらない。多額の費用をかけて設置した検証委だが、重要な部分には踏み込んでいない。

前述のとおり、亡くなった今野大輔くんが「山さ、逃げっぺ」と訴えていたという証言もあるが、最終報告書には盛り込まれていない。ある証言が掲載され、また別の証言が掲載されない、という何らかの基準が存在するはずだが、そうした基準については不明だ。

遺族の一人は「生存した教員に会いたいと伝えてください」と、検証委との意見交換でお願いしていた。その際、委員長と事務局は「検討します」と言っていた。しかし、その後の会合で「伝えていない」と回答した。

生存した教員には、心的外傷後ストレス障害（ＰＴＳＤ）を患っているとの診断が出ている。そのため検証委では、生存した教員の意見を聴取する際には主治医の許可が必要だと判断していた。しかし、検証委は、遺族の希望を主治医に伝えていない。記者会見で質問すると、主治医との信頼関係上、伝えないほうがよいとの判断を下したという。よくわからない回答だ。

さらに、事後対応の心のケアについても「記録がない」などの文面が多い。震災後、遺族や子どもたちの心のケアをしていたのはＮＰＯ「ここねっと」だ。検証委は、その「ここねっと」に直接、ヒアリングをしていない。「ここねっと」は、震災後に児童や遺族のケアをした記録を残している。検証委に対して、調査に関する意見書も出している。会見でこのことを質すと、「(ヒヤリングも資料収集も）必要だとは思っていなかった」と回答した。

この検証委による検証作業には、五七〇〇万円の税金が投入された。ある遺族は「これが五七万円の調査ならいいよ」と強い口調で指摘した。また別の遺族は「中間報告であれば納得する」と話す。そう遺族に指摘されるくらい、検証委は震災当日の避難行動を検証していない。その上での二四の提言だ。具体的になるはずがない。

室崎《むろさき》委員長は会見で「どういうやり方がもっとも効果的だったのかは、考えないといけない」と述べた。検証委は当初から「ゼロベースでおこなう」とし、これまで市教委や遺族が調査してきた聞き取り調査、マスコミ報道からは、フラットな立場で検証する姿勢を取ってきた。ならば、それらの調査やマスコミ報道における証言を羅列し、事実認定できるかどうかリストアップし、可視化した資料を作成すべきだったのではないだろうか。

こんな報告書を出されても、検証委が何をどのように検証したのかも、事実認定したのかもわからない。遺族を亡くした被災者が納得できるはずはない。

壊滅した町役場を保存するのか

岩手県大槌町は、北は山田町、南は釜石市に接する。盛岡市方面から大槌町への近道としては県道二六号線がある。北上山地から大槌湾に流れ出る大槌川と小槌川《こづちがわ》が作る平野が町の中心部だ。旧庁舎は、大槌湾に注ぐ大槌川のそばにある。震災前は、旧庁舎に震度計が設置されていたものの、東日本大震災時の震度の観測記録はない。現在、大槌町の震度計は中央公民館に置かれてる。

震度計の観測記録がないのは、旧庁舎が津波にのみ込まれ、壊滅的な被害が出たからだ。二〇一一年三月一一日、地震発生当時、加藤《かとう》町長（当時）は災害対策本部を立ち上げようと職員に声をかけた。町職員幹部ら約六〇人は、庁舎二階の総務課に集まった。余震が続くため、一度は駐車場へ移動し、本部の運営をそこでするつもりだった。その後、津波が近づいているとの報告を受けて、庁舎の屋上に避難しようとした。

しかし、職員二二人と業者一人が屋上に上ったところで、旧庁舎に津波が到達した。町長や課長クラスの職員が間に合わず、津波にのみ込まれた。指揮系統を失い、行政機能は完全に麻痺した。北側の山田町も南側の釜石市も壊滅的な被害で、かつ国道四五号線まで津波が来ていたために、町は孤立した。

ＪＲ山田線も大きな被害が出て、駅舎は流出した。

震災後、町は東日本大震災検証委員会を設置した。同委員会の検証によると、町防災計画では、庁舎が使えない場合、約四〇〇メートル離れた高台にある中央公民館に本部を設置することになっていた。高台に本部を設置する訓練は、〇三年に一度おこなっていたという。しかし、震災当時、災害対策本部では、中央公民館に移動する意識は弱かった。駐車場に移動しただけだった。そして避難よりも情報収集を優先した。つまり、「避難基準」が明確でなかったのだ。

二階から駐車場へ移動したとき、「庁舎が使えない」と判断できたかどうかはわからない。仮に、あのときそういう判断があり、中央公民館に本部を設置したら、何とかなったのか。それもわからない。旧庁舎の時計は、三時二六分で止まっている。地震発生から四〇分ほど経過している。

検証委が作成した「大槌町東日本大震災検証報告書」（一四年三月）には、「最初の揺れで、町職員は、庁舎から一斉に外に出たが、その後も余震により、庁舎への戻り、避難を三回ほど繰り返した」「一般職員が課長に、高台に避難すべきとの主張をしたケースもあるが、課長はそれを制止した」「消防から大津波警報（三メートル）の放送が流された。しかし、町からは大津波警報も避難指示等も出さなかった」と記されている。

なぜ、高台に避難をしなかったのか。それは、第一に本部移行の意識が持てなかったこと、第二に巨大津波をイメージできず、その意識がなかったこと、第三に通信機器が使えず、本部職員への避難指示等も出せなかったこと。以上、三つの要因を挙げている。しかしながら、福祉課長は課員に対して、中央公民館への避難を指示している。なぜ福祉課長だけが判断できたのかは、わかっていない。

高台の中央公民館に災害対策本部が設置されたのは翌日だった。副町長、教育長、議会事務局長、総務課主幹ら幹部職員約一五人が、裏山を越えて移動した。そこにはすでに、町職員三〇人、自衛隊約一〇人、県警数人、消防らが集まっていた。さらに中央公民館に隣接する城山《しろやま》体育館には、住民ら一〇〇〇人ほどが避難をしていた。

こうした震災の検証による教訓を、どう後世に伝えていくのか。その方法として、旧庁舎を保存すべきなのか。この問いには正解がない。大槌町の旧役場庁舎は一旦、一部保存が決まっていた。碇川《いかりがわ》町長が苦渋の選択をしたのだ。しかし、その後、旧庁舎を解体を主張していた平野《ひらの》町長（震災後に総務課長に就任）が当選したために、再び、保存するか解体するか、揺れている。平野町長は二期目だ。

震災で加藤町長が亡くなった。そのため、副町長だった東梅《とうばい》氏が職務代理者を担った。さらに東梅氏が任期満了で退任。平野氏が職務代理者を務めていた。つまり、二期続いての選挙なし。町民の不安が募っていた。一一年五月に町長選の予定だったが、震災により八月に延期していた。震災後、初めての町長選では、碇川氏が当選した。元役場職員で、水産商工課長や総務課長を経験していた人物だった。

碇川町長時代に、旧庁舎を保存するか解体するか、論争となった。復興ボランティアとして訪れた大阪の英語塾の代表を中心とした「町被災現場永久保存実行委員会」というグループが、署名運動をしていた。保存を主張するのは、「津波の怖さを一目瞭然で後世に伝え、子孫の命を守る」からだという。

震災遺構を保存すべきかどうかはナイーブな問題だったが、前述のグループが半年かけて約四五〇〇筆の請願署名を集めた。だが、町議会は一二年六月、本会議で賛成少数として保存を不採択にした。翌月にも同様の請願が出されたが、また不採択となった。請願不採択が続いたことで解体となるのかと思いきや、砼川町長が一〇月、「旧役場庁舎検討委員会」を立ち上げた。大学教授や町議会の正副議長、職員遺族、高校生、職員組合書記次長が委員となった。

検証委では、職員の遺族四〇人を対象にアンケートをとった。三七人の回答のうち、「解体すべき」が一八人、「保存すべき」が一四人、「どちらともいえない」が五人。やや「解体」が多かったが、拮抗していた。少なくとも、「遺族の思い」は単純なものではないことが明らかになった。

単純に結論を出すことはできない。一度、解体してしまったら、取り返しがつかない。こうしたことから、検討委の報告書でも、鎮魂の場の設定や後世への伝承、防災教育の必要性、歴史をふまえた旧庁舎周辺の公園整備を提言するだけで、結論は出なかった。

その後、砼川町長は一三年三月二八日、旧役場庁舎の一部保存を発表した。「建物が大きく、見たくない人への配慮、今後の維持管理等を考え、一部保存でも防災教育の点で、十分津波の恐怖を後世に伝えられる」「二度と悲劇を繰り返さないために、言葉や映像だけではなく遺構として保存することが重要」などと説明した。そして、玄関などの正面部分と屋上付近まで、津波が襲った様子を伝えるために、庁舎の二階部分を残すことを表明した。止まったままの時計もそのままにする。

津波の怖さは、建物がなくても伝わるのではないか、という意見もある。しかし、建物があるからこそ、意識するのだとも言える。広島の原爆ドームがよい例だ。

解体派の平野町長は、二期目の議会にのぞんでいた。議会では、平野町長を支持する議員は過半数に達していない。よって、復興事業は議会とよく話し合っていかざるをえない。公約で「旧庁舎解体」を掲げ、それを強行しようとしていた。理由は、保存や管理・維持のためにかかる費用を負担できないというもの。人口が激減するなかで、余計な費用をかけたくないという気持ちはわからなくもない。

旧庁舎を保存するのか解体するのか。震災の被害が大きかった自治体として、しかも旧庁舎が津波におそわれた自治体として、震災の教訓を伝えるための手段を考えていくのは重要だ。しかし、碇川前町長が苦渋の決断をした「一部保存」を、町長がかわっただけで方針転換してもよいのか。

震災後の議会では解体派が多かったが、現在の議会では保存派も多くなっている。実際、旧庁舎は慰霊の場になっている。私も大槌町を訪れるたびに、旧庁舎に行く。津波の高さが視覚的にわかる。これほどの大津波が来たのか、と体感できる。平野町長は、震災当時、屋上に避難できた職員の一人だ。だからこそ、あの津波襲来の記憶は鮮明に残っているであろう。

一四年度から、町では震災当時の状況を遺族から聞いて記録する「生きた証《あかし》」事業をしてきた。証言を拒む遺族もおり、そうした町民の声を受けた平野町長が打ち切りを表明している。そんななか、高校生が解体に「待った」をかけた。県立大槌高校の「復興研究会」のメンバーが「子どもたちのために残して欲しい」と、平野町長に直接訴えたのだ。同研究会は、全校生徒の約半数が所属している。大学の研究者や町職員と、今後のまち作りについて一緒に考えている。

旧庁舎の保存・解体をめぐって、一五年一二月議会は、町長と町議会との対決色が強くなった。このままでは復興の足かせになるのが、町長と町議会の対立になってしまう。平野町長は、解体予算の提案を同議会では見送った。そして、身元不明者の納骨堂と仮の慰霊施設ができる一年後まで、解体を断念した。町議会も旧庁舎についての質問を取り下げた。対立を避けたいとの思いからだ。

「見るのがつらい人が一人でもいたら解体する」。平野町長の「解体」への思いは変わらない。解体を言い出したことで、町民の意見は二分されている。同時に、復興に向かって歩み、人口減少率が最大である町として、将来のまち作りをどのような方向性で進めていくのかも考えなければならない。旧庁舎を解体することは、震災の教訓を伝えるアイテムを一つなくすことだ。被災地観光、または防災教育の拠点として、修学旅行先に選ばれる理由や旅行で立ち寄る理由を減らすことにもなる。

町議会は、住民の意向について、あらためてまとめようとしている。町議会の「東日本大震災復興まちづくり特別委員会」は、一六年四月、タウンミーティングを実施した。今後の議会活動に活かす。

震災遺構――なくしたい住民と残したい住民

東日本大震災が原因で倒壊した建物である、いわゆる「震災遺構」を保存することで後世に記憶として残し、教訓を伝え続けるかどうかが各自治体の課題となっている。前述のように、大槌町の旧庁舎の保存問題は、まだ決着がついていない。

「震災遺構」は震災観光や防災教育に役立つが、残した場合、管理や維持をどのようにしていくのかといった問題が残る。また、被災地域での合意をどのようにとっていくのか。住民の意見には、「見たくない」というものと「残すべきだ」というものが入り混じる。

復興庁は、震災から二年後の二〇一三年一一月、「震災遺構の保存に対する支援について」という方針を発表した。国が震災遺構について関与するのだ。それまではインフラ復旧や住宅の供給などを優先してきたが、津波による震災遺構について議論が進んできたとして、①復興まち作りとの関連性、②維持管理費を含めた適切な費用負担のあり方、③住民・関係者間の合意を前提に、各市町村につき一か所を対象に、保存のための初期費用を復興交付金を使って支援することにした。話し合いによって保存するかどうかを判断するまでに時間がかかる場合は、そのあいだの応急的な修理費や、保存しないと決めた際の撤去費用も復興交付金で対応する、という。

復興庁が震災遺構の保存について、一定の方針を示したこと自体は評価したい。しかし、なぜ震災から二年も経ってからなのだろうか。せめて各被災市町村の方針が決まる前に、方針を発表する時期を事前に伝えて欲しかった。費用がかかることを理由に、早期の解体を決めたところも多いのだ。

宮城県気仙沼市のＪＲ大船渡線の鹿折唐桑《ししおりからくわ》駅近くまで流された大型漁船「第一八共徳丸《きょうとくまる》」（全長六〇メートル、三三〇トン）は、象徴的な震災遺構の一つだった。震災後、周辺には仮設商店街ができた。被災地観光の目玉になっていたため、仮設商店街にも観光客が訪れていた。そして、漁船が解体されると、周辺には観光客がほとんど寄りつかなくなった。周辺は盛り土され、震災当時の面影はない。

震災後に気仙沼市を訪れる人のほとんどは、その漁船を見に行っていた。震災被害の大きさを実感できる場所だからだ。だが、地元の人のなかには、悲しみを思い出す象徴だという人もいる。その象徴が毎日のように目の前にあるのは、心理的な負担が大きい。

解体を決めた理由は、住民アンケートの結果だ。一三年四月二日現在で、一六歳以上の男女六万五一三八人が対象で、回答は一万四〇八三通。調査期間は一三年七月一から一五日。「保存が望ましい」は二二七九人で一六・二%。「船体の一部や代替物で保存」が二一八二人で一五・五%だった。もっとも多かったのは「保存の必要はない」で九六二二人、六八・三%。復興庁が保存方針を示す四ヶ月前のことだ。

保存の必要がない理由としては、「震災の記憶を甦《よみがえ》らせる大きな遺構が町の中心にあることへの違和感」「周辺住民に対する気遣い」「遺構保存のための整備費に対する国の対応が不透明な実態とその後の運営費に対する危惧」「震災からの復興、特に住まいの再建や産業の再生を優先すべき」「船主が解体を表明している」「震災遺構に関する住民説明が不十分」といった声が上がっていた。もし、国の方針が示されたあとにアンケート調査をしていれば、保存・解体の比率は変わっていたのかもしれない。

住民の意向調査をした事例は、まだよいほうかもしれない。岩手県釜石市鵜住居地区防災センターの解体は、野田《のだ》市長の判断によって決められた。鵜住居地区防災センターは津波避難所ではなかったが、震災当時二〇〇人以上が避難し、その多くが亡くなった。調査報告書では二四一人が避難したとされているが、近隣住民だけを前提としており、三〇〇人近くの人が避難していた可能性がある。

避難所ではないのにもかかわらず、センターに避難することを前提とした避難訓練が、市によって何度もおこなわれていた。地域住民のなかには、「センターは避難所だ」と認識していた人たちがいた。

センターは、明治三陸津波の浸水域だったが、震災前に作られたハザードマップでは、浸水想定区域にはなっていない。多くの死者を出したセンターでの悲劇をどう教訓化し、伝えていくのかは課題になる。野田市長の頭のなかには、センターを残すという選択もあった。しかし、センターの「遺族連絡会」や地区の「復興まちづくり協議会」など、地域の組織は解体支持を表明した。

センターは震災遺構のなかでは珍しく、建物のなかに入って慰霊ができた場所だった。野田市長は保存か解体かの判断に迷ったが、一三年八月、最終的には解体を決めた。同年一〇月六日に開かれた「防災センターのお別れ会」で、野田市長が解体を決めた根拠として、地域の人のこんな意見があったことを紹介した。

「建物には、残していいものと、壊さなければならないものがある。何でもかんでも残せばいいというものではない。とくに多くの方々が亡くなった場所は、追悼の、慰めができない。弔《とむら》いができない。いつまでも悲しみだけが残る」

繰り返すが、正しい判断基準はない。しかし、野田市長は、この言葉によって背中を押されたようだ。また、野田市長は挨拶のなかで「解体反対の声は耳に入らなかった」と付け加えた。解体反対の声を聞こうとした努力は、表立っては見えない。

住民の意見ではなく、首長の強いリーダーシップで基準を示したケースもある。陸前高田市の戸羽《とば》市長は、「解体してほしい」という声と「保存してほしい」という意見の両方を耳にしていた。そのなかの「亡くなった場所がいつまでもあると立ち直れない」という声を、戸羽市長は重視し、多くの人が亡くなった場所は解体するとした。どこかで決断しなければならないが、戸羽市長はそれまで意見を吸い上げてきた自負がある。

職員の多くが亡くなった市役所や、職員が住民を誘導していた市民会館は、早々に解体を決めた。その一方で、複数の場所を残すことにした。震災以前に高田松原《たかだまつばら》があった場所を復興祈念公園として、また周囲には「奇跡の一本松」とユースホステルを残す。さらに、被災した「道の駅・高田松原」や「気仙中学校」「促進住宅」も保存することに決めている。批判はあるかもしれないが、それを受け止める強いリーダーシップが市長にはある。

ところで、遺構を残せば観光客が増えるのであろうか。

遺構の前でVサインをしながら記念写真を撮る姿を数多く見かけた。遺構の近くで立ち小便をする輩がいたりもする。震災の記憶が生々しい時期に、そういう人々を見かけた地元の人々が「よそ者」に対して不快に思うのは当然であろう。しかし、遺構は被災地外の人たちと被災地をつなぐものでもある。遺構がなくなれば、記憶とともに震災は忘れ去られてしまう。

何かしらの〝目玉〟がないと、多くの人は観光目的で被災地を訪れない。支援や応援、または絆という言葉が叫ばれたりはしたが、震災後は震災前より観光客が減っている。徐々に回復の兆しがあるものの、五年かかっても震災前の水準に戻っていない。これだけ震災で注目を浴び、報道で取り上げられる機会が増えたのに、「被災地の強み」が活かされていないのである。

第5章　報道の裏側から見た原発被害

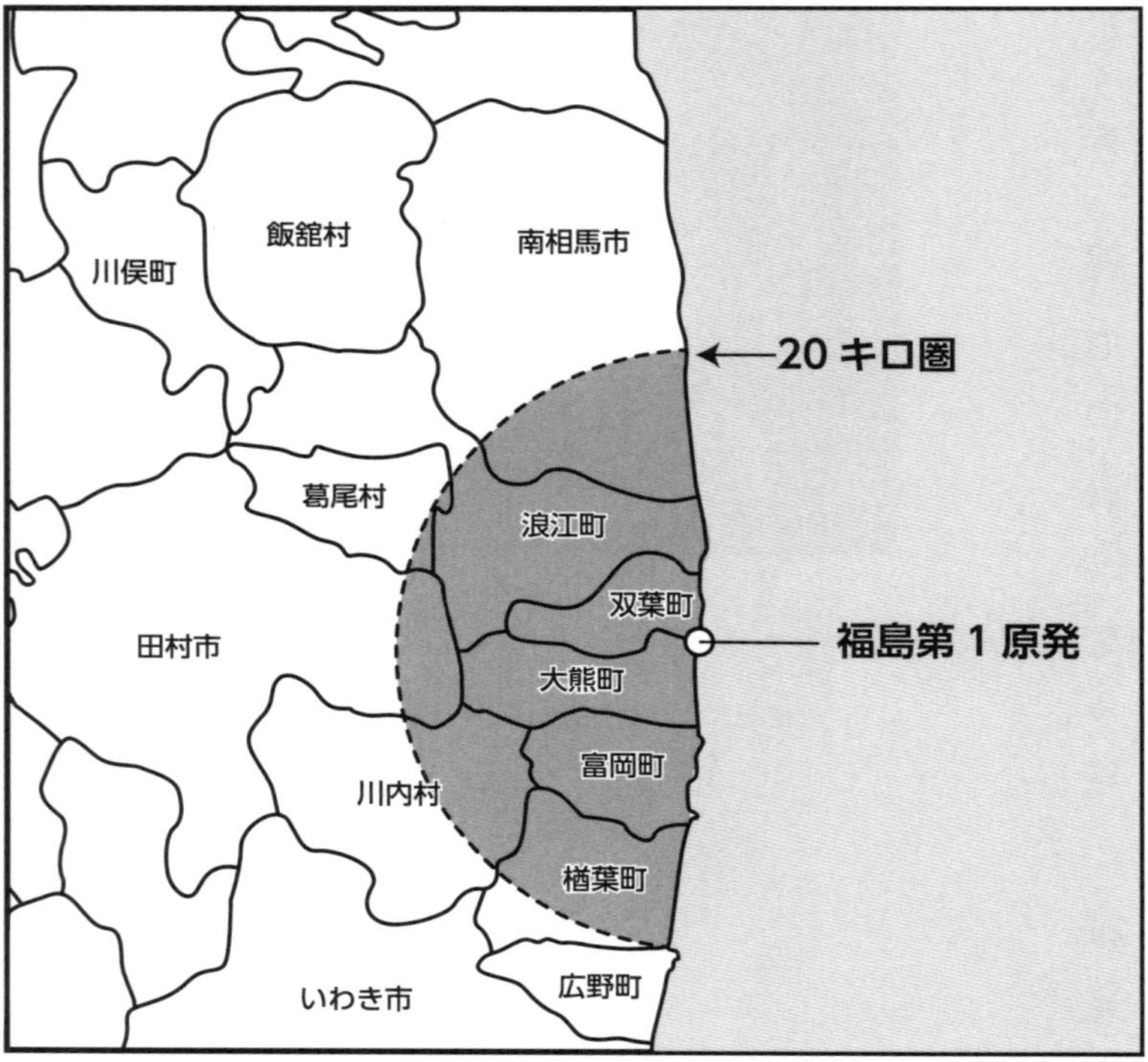

原発事故の被害にあった地域と20キロ圏

〈第5章扉　写真〉
福島県南相馬市原町区上渋佐で、防護服を着て行方不明者を捜索する警察官たち。（2011年3月28日撮影）

役に立たない官僚たち

メディアは地震があると原発の様子を伝え、読者や視聴者もその情報を得ようとする。しかし、東日本大震災が起きたとき、福島第一や福島第二、女川原発のことを私は忘れていた。都内で地震を感じた私は、原発に思いをはせる心理的な余裕がなかったのだろう。

経済産業省原子力安全・保安院の記者会見に出向いたのは、震災の翌日となる二〇一一年三月一二日の夜だった。会場に行くと、多くの報道陣がいた。なかなか会見が始まらない。なぜ、情報がすぐに出てこないのか。記者会見が始まっても、官僚には情報が整理できていない。

資料を見ていると、被ばくした人の数が書かれた項目を見つけた。なぜか被ばくした人々が二つのグループに分かれていた。あるグループは被ばく量も書かれていたが、もう一方は被ばく量が書かれていない。不思議に思った私は、「なぜ、被ばく量が書かれていないグループがあるのか?」と質問した。すると、その人たちについて「被ばく量を計っていない」との回答だ。「計っていないのに、被ばくしたと言えるのか?」と再質問した。

官僚は現場を把握していない。原発付近の人々が「被ばくした」と現場から報告が上がっているだけ。私は、こんな状況では、会見で何も伝わってこないし、このまま不毛なやりとりを続けていくのを疑問に思った。ならば、現場に行って、地元の人の話を一人でも多く聞いた方がいいのではないかと考えた。

福島第一の事故は、原発事故では最悪の「レベル七」だった。一九八六年に旧ソ連で起きたチェルノブイリ原子力発電所での事故と同じだ。二〇一一三月一二日、格納容器内の蒸気の放出作業（ベント）を手作業でおこない、作業員は一〇六・三ミリシーベルト（緊急作業時、一回あたり一〇〇ミリシーベルト）の放射線を浴びた。一号機周辺ではセシウムが検出され、その後、一号機の建屋《たてや》が水素爆発した。三月一四日には三号機も爆発した。保安院は「水素爆発」としたが、煙が黒かったため、「核爆発ではないか」との見方もある。作業員一一人がけがをしたが、保安院は問題ないレベルと発表した。

建屋が爆発したことで放射性物質が拡散した。しかし、拡散する放射性物質が原発から同心円状に飛び散るわけではない。拡散の仕方は、気象条件や地形によっても変化する。事故後には、放出された放射性物質が大気中に雲のような塊になる放射性プルームができ、その流れ方で変わる。原発から遠い距離でも、高い放射線量を記録する地点はある。首都圏にホットスポットができたのは、そのためだ。

では、被ばくしたら誰もががんを発症し、死にいたるのであろうか。三月一四日から一〇月末までの緊急作業では被ばく線量が二五〇ミリシーベルトに引き上げられた。今回、基準を超えて被ばくした作業員はいるが、それが理由で亡くなった作業員は、今のところいない。一方で、亡くなった作業員でも、被ばく量がその値を上回っていない場合もある。被ばくと死との関連は、被ばくした放射線量だけの問題では判断できない。

避難区域が被災者の心を分断する

一般に、震災時に被災地に住んでいれば、その人は「被災者」である。だが、一概にそうとは言えない事態が発生している。

避難指示区域である双葉町と大熊町、浪江町《なみえまち》、富岡町、楢葉町《ならはまち》、川内村《かわうちむら》の一部、葛尾村《かつらおむら》、南相馬市の一部、田村市《たむらし》の一部、飯舘村、川俣町《かわまたまち》、そして三〇キロ圏内の南相馬市の残り部分と川内村の残り部分、広野町《ひろのまち》、田村市の一部、いわき市の一部で暮らしていた人が原子力災害の賠償請求の対象者で、いわゆる原発「被災者」になる。

避難指示は、福島第一からの三〇キロで線が引かれた。風向きを理由に、放射性物質が拡散したとされる飯舘村は、距離に関係なく計画的避難地域となった。国際放射線防護委員会（ＩＣＲＰ）の勧告では、一般の人が浴びても差し支えない被ばく量は年間一ミリシーベルトだが、原発事故などの緊急時は、年間二〇ミリシーベルトとなる。この勧告にあわせて、飯舘村、葛尾村、浪江町、川俣町、南相馬市の、被ばく量が年間二〇ミリシーベルトを超えるおそれがある地域を「計画的避難地域」とした。そのほかの、避難指示区域外に住んでいた「自主避難地区」でも、一定の条件で精神的賠償の対象となった。

被災者のなかには、賠償額に納得がいかない人たちがいる。福島県内から京都市に自主避難した元会社経営者の男性ら一家五人が「原発事故の影響で精神疾患となり、仕事も失った」として、東電に約一億八〇〇〇万円の損害賠償を求めた。

京都地裁の裁判長は「男性は住み慣れた福島から地縁のない土地への転居を余儀なくされ、強いストレスを受けた」として、不眠症やうつ病については事故が主な原因の一つと認定した。就労不能になったことや、妻が病院への付き添いなどで再就労が難しくなったことも認め、避難前に住んでいた地域の線量を基準に、自主避難する理由があった二〇一二年八月までの分は請求を認めた。

自主避難者への経済的な賠償は、「被災者」と比べて極端に少ない。この裁判での賠償額は男性と妻の分で三〇〇〇万円。「原子力損害賠償紛争解決センター」による裁判外紛争解決手続（ＡＤＲ）で示された和解額約一一〇〇万円より上回る結果になったことは、被害を回復する上で評価されるが、裁判ができる人とできない人で「分断」が起きた。情報や法的知識があったり、弁護士を探すことができたり、資金を準備できて、裁判ができる人ばかりではない。仮に裁判をしたとしても、裁判所が賠償を認めるとは限らないからだ。

福島第一と福島第二の原発事故では、東電が提示する賠償項目や賠償額の合意事項がある。しかし、被災者が合意ができない、あるいは被害を申し立てたが賠償を認められない場合がある。その和解案が提示され、合意に至れば、東電が賠償金を支払う。裁判によって、ＡＤＲでの和解額より上回ったということは、被害実態に近い賠償を得られたことを意味する。

ちなみに、賠償対象となる「自主避難者等」は、宮城県丸森町《まるもりまち》を除けば、すべて福島県内の自治体だ。群馬県や栃木県の被害は、ＡＤＲでの解決を探ることになる。

川端英隆《かわばたひでたか》さん（三五）は、福島県郡山市の仮設住宅に住んでいる。震災までは福島第一から三〇キロ圏外のいわき市内に住んでいたため、自主避難だ。本来、自主避難者は仮設住宅には入れない。震災当時に住んでいたアパートは一部損壊扱いだったが、アパートのオーナーが修繕しないので、アパートにも帰れない。そこで苦肉の策として、震災当時に富岡町に住んでいた母親を介護するという名目で、富岡町の町民用仮設住宅に住むことが許された。川端さんに震災当時の様子を聞いてみた。

震災翌日、富岡町沿岸部に住んでいる母の安否確認に車で向かった。

「南相馬市原町区方面に向っている最中に原発が爆発していたようですが、知りませんでした。いわき市平下神谷で国交省の職員が『この先、通行止めになっている。いわき浪江線なら行ける』と言ってきました。行ったら行ったで渋滞だったんです。行けるところまで行ってみようということで、なんとか実家に着きましたが、津波の影響でもう何もなくなっていた。いくつかの避難所を回ったが、母親は見つからない。そこで富岡町役場に行きました」

町役場に行くと、「車のある人は、郡山市か川内村に避難してください」と職員がアナウンスした。富岡町には避難命令が出ていたのだ。川端さんは「おふくろは川内村に行ったはずだ」と思った。富岡町から川内村へ直接行ける県道三六号線は渋滞したため、回り道をした。最終的には自らの避難先となった郡山市の「ビックパレットふくしま」で母と会えた。

川端さんが震災時に住んでいた自宅アパートは、一部損壊の判定だった。災害公営住宅に住める対象でもない。異議申し立てもできたが、役所から届いた手紙を読んでもその方法を理解できなかった。仮設住宅は数年後には出なければならない。

「いわきの方では災害公営住宅ができると言うけれども、私らは住めないし。こっちの富岡町の災害公営住宅にも住めない」

富岡町民になれば災害公営住宅に住めるのかといえば、そう簡単ではない。母は認知症ほどではないが、コミュニケーションがうまくいかない。耳が遠く、記憶力もよくない。先が見えない日々が続く。

健康診断の情報も、富岡町からは入らなかった。川端さんがいわき市民のためだ。自分でいわき市に電話し、詳細を調べなければならない。原発事故後、当時八ヶ月の長女は母乳を飲んでいたが、妻が母乳検査を受ける機会もない。

長男は、事故同時、屋外に出ていた。内部被ばくを検査するホールボディカウンター（ＷＢＣ）のある検査機関が少なすぎる。乳幼児の場合、尿検査もあるが、その費用は誰が出すのか。東電が出すのは、政府が認めた三〇キロ圏内で暮らしていた人々に対してだけだ。結局、長男は一三年七月、中学校を通じて内部被ばく検査を受けることができた。震災から二年四ヶ月も経っていた。

結果は「Ａ２（五ミリ以下のしこりや二〇ミリ以下ののう胞を認めたもの）」で、「二次検査は必要ない」という判定だった。他の家族は一四年八月三日にＷＢＣの検査を受ける。仮設住宅のそばに生活復興支援センター「富岡町おたがいさまセンター」があるが、検査の車両がそこまでやってきたからだ。

震災時、どこに住んでいたのか。つまり、福島第一から三〇キロ圏内に住んでいたのか否かで、その後の人生が左右される。川端さん一家の場合、実家の母親が津波にのまれたものの生存しており、その母親の介護を理由に富岡町の仮設住宅に入居ができた。震災後、車を持っていないため、満足に仕事が見つからない川端さん。仮設住宅なきあとの生活拠点は、まだ決まっていない。

個々の被災者の生活実態を見て、その後の避難生活のあり方を自治体は考えるべきだろう。原発事故の補償が、福島第一からの距離で単純に決まってしまう理不尽さを、川端さん一家に見た気がする。

あいまいな政策に振り回される住人

福島県南相馬市は、原発から二〇キロ圏内（のちに警戒区域となるエリア）の小高区、二〇キロ～三〇キロ圏内となる原町区、三〇キロ圏外となる鹿島区《かしまく》にほぼ三分した。二〇〇六年の平成の大合併で、南相馬市は原町市と相馬郡小高町、鹿島町が合併していた。

合併協議の過程では、飯舘村も一時期は参加していたが、自立の道を選択した。この選択が飯舘村にとっては皮肉なかたちとなった。原発事故があった場合、福島第一の近隣である南相馬市には通報がいく。だが、飯舘村は近隣ではない。情報が入らず、避難も遅れ、多くの被ばく者が出てしまった。

震災における南相馬市の死者数は一一二一人（二〇一六年三月一一日現在）。福島県内の地域では最も死者が多かった。私が取材で南相馬市内に入ったのは、一一年三月二六日だった。

取材当時の線量はどうだったのだろう。市によると、同年三月二七日九時現在の放射線量（市立総合病院北側入口）は一・一五マイクロシーベルト。ほとんどのメディアは撤退し、電話取材が基本だった。

共同通信では、福島支局のすべての記者は福島県外に避難せよとの緊急指令が出て、山形支局へ避難した。また朝日新聞東京本社社会部でも、福島総局と社会部の記者に対して、ベント作業が検討されていることを理由に、「原発には、絶対に接近を試みないでください」との一斉メールが送られた。

南相馬市内の避難所に行くと、「（当時の政権与党）民主党の議員は誰も来ない。安倍晋三議員が来た」という声をたくさん聞いた。そして「安倍晋三」と書かれた名刺を見せられた。その後、自民党・公明党の連立政権のトップに君臨する安倍氏は、このとき何を思っていたのか。

安倍氏だけでなく、第二次安倍政権のもとで内閣副官房長官、第三次再改造内閣で経済産業大臣となる世耕弘成《せこうひろしげ》氏、また第三次安倍改造内閣で環境大臣（原子力防災担当大臣）、第三次再改造内閣で五輪担当大臣となる丸川珠代《まるかわたまよ》氏の名刺も避難所でよく見かけた。

民主党の議員が名刺を渡している形跡はない。事故対応に追われていたのであろう。彼らも避難所を訪れているが、議員本人や秘書、事務所スタッフが訪れても政権党であるため、党の存在をアピールしにくかった。

小高区の消防団員の男性が、避難所で怒りをあらわにしていた。亡くなった人の捜索活動を要請した。だが、被ばくの可能性があるとのことで、捜索できないという。男性はこう語る。

「小高区は津波災害にあって、いまは田んぼも水没している。亡くなった方を助けたい思いを必死に市役所に訴えました。原発のために家を離れなくちゃいけないが、でも救出したい。議員の人が来ても、声をかけてもらうだけ。今日は民主党の議員さんが来た。でも、捜索のことは『聞いていています』と言うだけで、顔を背けた。たとえば、田んぼの放射線の量を計ってもらう。防護マスクをして、交代制で田んぼの水をポンプで抜きたい。何でやらせてもらえないんだ」

現場の思いを汲み取ることができないのは、〝担当者〟が現場にいないからだ。放射線量や風向き、原子炉の状況を総合的に判断できる担当者が現場にいて、随時、状況を説明すれば、住民のいら立ちは少なかったはずだ。

民主党政権の事故後の振るまいは、地元の人々に受け入れられなかった。パニックを避けたい政権の思惑はわかるが、政権が政府をコントロールできていないことが露呈してしまった。これでは、地元にがまんを強いるしかない。

同じころ、避難指示が出ている二〇キロ圏や屋内退避指示が出ている二〇～三〇キロ圏内の付近には、まだ外に人がいた。山間部に近い二五キロ付近の地域で畜産業を営む男性（六〇代）は、肉牛を二五〇頭飼っていた。息子夫婦と孫は避難させたが、男性とその妻は残っていた。山間部に近づけば近づくほど、外部被ばく量は高くなる。なぜ、まだそこに留まるのか。

「肉牛は一頭八〇万～一〇〇万円。戻ってきたときに牛がいなかったら、生活ができない」

原発から一九キロ付近では、「妻の薬を取りにきた」という南相馬市原町の加藤正義《かとうまさよし》さん（七九）と出会った。加藤さんの家の付近は地震や津波の影響によって道路が寸断されていた。加藤さんは仙台市で避難生活を送っていた。震災当時の様子について、こう話す。

「津波で一階がつかってしまったんだよ。近くの子どもが二人流されたんだ。学校帰りのようだった。（私も）畑仕事をしていて流された。流れてきた木につかまって、どうにか助かった。その後は近くの避難所に行ったが、『ここでは危険だ』ということで、相馬女子高校に避難した。いまは、息子がいる仙台に住んでいる」

さらに加藤さんはこう述べた。

「田んぼは塩分を含んじゃった。今後、ここで生活できるかはわからない。津波だけなら片付けられる。でも、放射能があって、みんな逃げた。小さな子どもがいるから仙台へ行ったんだ。どこに住んだらいいのか。農家の農地はしばらくだめ。どの程度かわからないが、野菜も放射能を含んでいる。原発ができるとき、反対したんだがな」

原発に反対してきたが、事故が起こって避難生活とはやりきれない。

南相馬市原町区上渋佐《かみしぶさ》で、渋佐良雄《しぶさよしお》さん（七八）と出会った。近所の住民は、以前と比べて少なくなった。

「誰もいないぞ。逃げたんだ。俺ぐらいだよ、いるの。俺、この村で死ぬ気で住んできたんだもの。みんな、ここを放棄したんだ。でも、俺はおるつもり。みんな（一一年三月）一三日から一五日ぐらいに逃げていった。どこさ逃げていくんだ？」

上渋佐は、ＪＲ原ノ町駅から県道二六三号線を通じて東に向かったところにある。津波の被害にもあっていた。三月二七日、周囲では警察や消防団が行方不明者の捜索活動をしていた。また、民間人が自身の家族を捜す姿もあった。

「三〇キロ圏内だからって、俺は行かないぞ。だって、どこさ行くの？　みんな生活で手一杯でしょ？　ならばここにいろよって思う。マスクしたって、そんなもので命が救われるのか？」

避難する人と地域に留まる人との意識の差は大きい。渋佐さんのように、逃げる場所はなく、地域で踏ん張ろうとしている人にとってみれば、避難する人は「故郷を捨てた人」に見えても仕方がない。

区域を分けて除染すれば安全なのか

福島第一から約二〇キロ圏内の警戒区域に入る小高区、二〇キロから三〇キロ圏内に入る緊急時避難準備区域（緊急時に屋内退避、あるいは別の場所に避難する必要がある地域）の原町区、三〇キロ圏外となる鹿島区がある南相馬市。震災前の二〇一〇年一〇月の人口は約七万人だったが、その後は減少し続けた。市の公式サイトによると、福島県内に避難している人を含めて、一五年一〇月には約六万三〇〇〇人となっている。

原発事故直後は、市内の人口が実質的に一万五〇〇〇人になったとも言われていた。一六年二月一七日、外国特派員協会で桜井市長が会見して、次のように発言していた。

「原発事故後、南相馬市が一時期一万人の人口を割り込んで、現在五万七〇〇〇人まで回復していま

すけれども、大きな問題としては原発被災地どこでも共通ですが、若い人たちが街を離れてしまってい
て、働く世代と言われる一五歳から六四歳までの人たちが、一万三〇〇〇人弱、まだ南相馬市に戻って
おりません。最も深刻なのは、この世代が子育て世代で、転出をしてしまっている世代が非常に、人口
が非常に多くて、今、転出してしまったのは九〇〇〇人を超えています」(「Ｔｈｅ ｐａｇｅ」一六年
二月一七日付)

南相馬市は転出が多い。一部の地域は放射線量が高くなっていたが、徐々に線量は低下した。現在は
都内とほぼ同じ線量となっている。また、内部被ばくを気にすることが必要だが、南相馬市立総合病院
による検査では、危険な値になっている人はほとんどいない。

食事などを通じて放射線を身体に取り込む内部被ばくについては、気にする必要がある。南相馬市立
総合病院によれば、内部被ばくの値が高い人は、事故後に放射線が降り注いだ地域で家庭菜園をしてい
る人だけだ。

値が高く出たのは、その家庭菜園で収穫した食物を食べたことが一因である。市場に出るものであれ
ば検査時に放射線量がわかるが、家庭菜園で収穫したものは食品検査をしてない。どんな食品でもその
まま食べてしまっている可能性が高い。ただし、検査で値が高いと指摘された人であっても、現在のと
ころは、その数値では発がんリスクが高いほどではないとされている。

以上のような状況であることから、一部の人には安心で安全なムードが漂っている。一六年七月には、
帰還困難区域(年間の積算線量が五〇ミリシーベルトを超え、五年を経ても年間積算線量が二〇ミリ

シーベルトを下回らないおそれのある地域）をのぞく、小高区の避難指示が解除された。住民が戻りつつある。こうした流れは五年経った今だけでなく、震災当初から言われていた。

南相馬市原町区の私立「よつば保育園」は、震災後、緊急時避難準備区域に指定されたエリア内にあり、休園となっていた。そのため、三〇キロ圏外、つまり緊急時避難準備区域から外れている鹿島区で、他の私立保育園と合同で臨時保育園「なかよし保育園」を開設した。

半年後の一一年九月に緊急時避難準備区域の指定が解除され、「よつば保育園」は一〇月からは元の場所で保育園を再開した。園庭は除染した。そのため、園児たちが戻った。もちろん、一度、放射能に汚染された地域には戻らないと決意することも選択の一つだ。実際、保育園の園児数は、震災前よりも少ない。戻るとしても、保護者が「この地域は安全、安心だ」と考えていることが最低条件であろう。「安全」と考えない保護者もいる。震災当初、福島第一から二〇キロ圏内は警戒区域となり、避難指示が出されている。「安全ではない」という明確な判断を政府がしていた。しかし、二〇キロ圏外の場合は、明確な基準がない。判断はそれぞれの住民に任されていた。

「保育園の庭は除染したから安全」。一部の保護者はそう思えなかった。本当は戻りたくない、と思っている子持ちの女性がいる。しかし、夫が「母も安全と言っているのだから」と戻ることを促した。女性は戻らざるをえなかった。空間線量は危険と判断できる数値ではない。しかし、女性は数値を知っても安全と信じることができない。さらに、子どもはおとなよりも被ばくのリスクがある。被ばくしたときの年齢が低ければ低いほど、ＤＮＡが損傷するリスクが大きいと言われている。いろいろ考えていると、女性自身がストレスで健康を害するかもしれない。

「絆」で求められたのは、被災地と被災地外とのつながりだけではない。被災地内の人間関係、とくに家族関係にも「絆」が求められた。しかし、災害時になって、急に「つながり」が生まれるわけもなく、逆に関係にひびが入ったり壊れたりするケースも多い。

警戒区域の「二〇キロライン」は、被災した地域の人々に混乱をもたらした。

福島第一は、一一年三月一一日、地震発生とともに一号機と二号機が自動停止した。四号機と五号機、六号機は定期点検のために停止中だった。地震によって全交流電源が喪失し、大津波によって冷却装置に注水ができない。その日以降、メルトダウン、メルトスルーへと突き進む。

一九時〇三分、「原子力災害対策特別措置法」による「原子力緊急事態宣言」が発令される。この法律は、一九九九年九月三〇日の東海村JOC臨界事故後に施行された。戦時下において唯一の被ばく国だが、戦争以外で原子力災害が起きたときの包括的な法律が、それまでなかったのだ。

「原子力緊急事態宣言」が発令されれば、応急対策を実施すべき区域を設定する。二一時二三分には、三キロ圏内の避難指示が出されている。福島第一は、外部電源が供給されない事態になっていた。枝野《えだの》幸男《ゆきお》官房長官（当時）は、原発から三キロまでの住民に対し、屋内に待機するように指示した。この時点で、なぜ三キロ圏内なのか？　その理由は、明確ではない。

避難指示が一〇キロ圏内になったのは、一二日の午前五時四四分。同じ頃、福島第二もメルトダウンの危機がおとずれる。そして、福島第二にも「原子力緊急事態宣言」が発令された。三キロ圏内に避難指示、一〇キロ圏内に屋内退避指示がなされる。

徐々に避難指示区域が拡大し、一五日には福島第一の二〇キロ圏内が避難指示。二〇キロから三〇キロが屋内退避指示となった。このときの二〇キロ圏内が「警戒区域」とされたのだ。

この区域設定には、科学的な根拠がない。海側と山側とでは風の強さが違う。海側は風が強いために、放射線量が一時的に高くなるものの、低くなるのも早い。他方、山側は放射線がたまりやすい。安全性がまったく違っている。原発からの距離だけで、放射線量は判断できないのだ。

事故当時、北西に風が吹いていた。二〇キロ圏内のほか、飯舘村の全域が「計画的避難区域」とされて、「警戒区域」とほぼ同じ扱いとなった。二〇キロ圏外に避難した人のなかには、計画的避難区域へ避難してきた人たちも多かった。避難元よりも避難先のほうが、放射線量が高い。明らかに政府の判断ミスだ。当初の気象をフォローし、線量のモニタリングポストをチェックをしていたはずで、その情報を公開していればわかりそうなものだが……。

合理的な根拠がない区域の設定によって、さまざまな分断が起きることになる。義援金の配分がよい例である。

南相馬市は一一年七月、国と県の義援金第二次配分の概要を発表する。警戒区域や計画的避難区域、特定避難勧奨地点に住み、自宅全壊の世帯だと一人あたり三〇万円、住宅半壊の世帯だと一人あたり二五万円、緊急時避難準備区域の世帯は一人あたり二二万円、それ以外は世帯は二〇万円となっている。

義援金の配分方法は自治体の判断だ。原発事故がなければ、住宅が全壊か半壊かだけを判断する。つまり、他の被災地では「どのくらい壊れたのか？」などの実害で判断する。しかし、原発事故がからむと、原発からの距離が問題とされる。二〇キロと二一キロの地点でそれほど差があるのか。三〇キロと三一キロではどこまで違うのか。そういったことは、はっきりしない。

東電からの賠償額も違う。原子力災害の精神的損害賠償が、二〇キロ圏内で生活している世帯だと一人あたり月額一〇万円となっている。四人家族なら月四〇万円だ。一年間で計算すれば四八〇万円。これが五年となれば二四〇〇万円となる。避難指示解除がなされる時期が遅くなれば、賠償額が出続ける。一五年には、一七年までの三年分がまとめて支払われた。

さらに、政府は一二年四月、警戒区域を①避難指示解除準備区域（年間の被ばく線量が二〇ミリシーベルト以下）、②居住制限区域（同二〇〜五〇ミリシーベルト以下）、③帰還困難区域（同五〇ミリシーベルト以上）に再編した。

帰還困難区域の場合は、一七年までの七年分がまとめて支払われている。一人あたり一四五〇万円。避難指示解除準備区域と居住制限区域の場合、一人あたり月一〇万円なので、七年分は八四〇万円。この月払い方式は、一八年三月分までで打ち切ることが決まっている。

三〇キロ圏外で暮らしていた自主避難者への賠償額は、極端に少ない。一八歳以下の人と妊娠している人には、一一年四月二三日から一二月三一日までの期間を対象に、一人あたり四〇万円。事故発生時に伊達市の特定避難勧奨地点（同二〇ミリシーベルト以下）で生活をしていた、①一八歳以下の人と妊娠している人が同年一二月三一日までの期間を対象に一人あたり四〇万円、②そのほかは三月一一日から四月二二日までを対象に一人あたり八万円。避難区域との差は大きい。警戒区域を「二〇キロ圏内」としたことで、様々な分断がおきたのだ。

牛の全頭殺処分に抗う

福島第一から一四・二キロ地点に、福島県浪江町の「エム牧場」がある。牧場付近が警戒区域に設定される前の二〇一一年三月二七日、私は「エム牧場」を訪れた。そのとき牧場には誰もいなかった。牧場で牛の死体を四頭ほど見かけた。この牧場に至る途中でも、脇道に牛が寝ていたり、田んぼに牛の集団がいたりするのを見た。牛たちは人の管理を逃れ、餌を求めて徘徊《はいかい》していた。そんな牛たちに対して、四月二五日から殺処分や畜舎に戻す処置が始まった。

三月三一日。ふたたび牧場に向かった。すると牧場主の吉沢正己《よしざわまさみ》さん（五七）がいた。一二日に原発が爆発する音を聞き、噴煙を目撃している。当初から原発事故から逃げることなく、牛を生かすことを目的に牧場に残って餌やりを続けてきた。その後も孤立しながら、牛の面倒を見ていた。二七日に会えなかったのは、一時的に二本松市《にほんまつし》に避難していたからだ。

ところが、菅直人《かんなおと》政権（当時）は警戒区域に残る家畜を、所有者の同意を得て、すべて殺処分とする方針を福島県に通知した。だが、所有者のなかには同意しない人たちがいた。吉沢さんもその一人だ。

六月、殺処分に反対する畜産農家らが中心となって「希望の牧場〜ふくしま〜Ｐｒｏｊｅｃｔ」が立ち上がった。吉沢さんは、このプロジェクトの中心メンバーだ。同プロジェクトでは、複数の大学の農学部や獣医学部による被ばく牛たちの長期的な調査に対して、支援することを目指している。牛の餌代は同プロジェクトへのカンパでまかなわれた。

吉沢さんらは、政府による殺処分の方針に対し、「こうした動物たちを生かす方法はないか」を探っていた。そして、「放射能災害の予防への貢献という学術研究目的なら可能ではないか」と言うことになった。

「これまで国は、生き残った牛は殺処分するべきと一辺倒だった。しかし、研究調査することが復興にもつながる。本当にダメなのか？　可能性はないのか？　やってみないとわからない。殺処分は証拠隠滅のようなもの。それをどうにか踏みとどまらせる必要がある。こんなものは世界には例がない。全頭抹殺はいけない」

そう話す吉沢さんは震災当初、原発事故で〝絶望〟を味わったという。しかし、このプロジェクトによって新たな光が見えてきた。吉沢さんは「ベコ屋の意地」という言葉を繰り返した。ベコとは牛のことだ。その意地で取り組んできたことによって、プロジェクト実現に向けての動きが出てきた。

半年が過ぎた九月三〇日。吉沢さんが運転する車で、エム牧場を再訪した。

エム牧場までの道中、津島地区の至るところに「もどるぞ　つしまへ」などと書かれた牧草ロールがあった。牧草ロールとは、牛が食べる牧草をロールケーキのように円筒状に梱包したものだ。

「本当に帰れるのか」

吉沢さんがつぶやいた。警戒区域に入ると、徐々に放射線量が高くなる。吉沢さんが持っていた線量計は、毎時一五・四七マイクロシーベルトを示した。原発に近付けば線量が高くなる、というわけではない。より原発に近いエム牧場付近は、毎時三〜七マイクロシーベルトを計測していた。エム牧場のなかでも、牧草が多い場所だと毎時一〇マイクロシーベルト前後だった。

環境省が放射線の除染をする基準としているのは、毎時〇・二三マイクロシーベルトだ。牧場周辺では、放射線が低い場所でも、除染対象地域の一〇倍はあったことになる。

牧場に入ると子牛がいた。数ヶ月以内に産まれた子牛だ。震災前、エム牧場には黒毛和種と日本短角種が三〇〇頭以上いた。しかし、なぜか白黒斑の乳牛であるホルスタインが混ざっていた。肉牛しかいなかったはずなのに、どうして乳牛がいるのか。「どこからか迷い込んで来たんですよ」と吉沢さん。「すぐに仲よくなるものですか?」とたずねると、「もう柵もないので、どこかで合流して、仲よくなったんじゃないか」と答えた。

警戒区域内でも、毎日、牛に餌をやりにくるのはエム牧場くらいだった。そのため、お腹を空かせた多くの牛たちが牧場に迷い込んでくる。震災前は電気の通っていた柵が牧場の周囲にあったが、震災後は電気が通じていない。そのため、柵を壊してどこかへ行ってしまった牛たちもいた。

以前、牧場を訪れた時に死んでいた牛たちは、すでに白骨化していた。

一二年四月、警戒区域は解除され、「避難指示解除準備区域」と「居住制限区域」「帰還困難区域」の三つに分けられた。南相馬市小高区は、ほとんどの区域が「避難指示解除準備区域」「居住制限区域」に該当。宿泊はできないが、検問所やバリケードが解かれたため、立ち入りはできる。浪江町は、役場のある海側は「避難指示解除区域」と山側の「帰還困難区域」、エム牧場を含む両者の中間地域は「居住制限区域」に分かれた。

これまで警戒区域のラインになっていたのは、福島原発の北側では南相馬市原町区の国道六号線、同原町区の馬事公苑近くの国道三四号線、浪江町津島の国道一一四号線、福島原発の南側では楢葉町のJヴィレッジ付近の国道六号線など。

警戒区域の一部解除で、南相馬市原町区の馬事公苑近くの国道三四号線の検問所はなくなり、南の浪江町との境にバリケードが設置された。しかし、警備する警察官はいない。バリケードが設置されたのは、原発事故後に私が何度も訪れているエム牧場の入り口だ。

一二年二月には、福島第一の正門前付近で事故に遭い、脊髄《せきずい》を損傷していた子牛「ふくちゃん」を吉沢さんが保護し、エム牧場の牛舎で世話を続けていた。警戒区域の家畜を一匹でも多く生かしたいという気持ちが、吉沢さんを動かしていた。しかし、三月に死亡した。その後、六月、警戒区域で殺処分に反対していた楢葉町の旧ファーム・アルカディアから六七頭の牛を移送した。牧場主の体調不良で、殺処分が下される可能性が高かったために、生かしたいとの一心で移送したのだった。

「このままでは殺処分になってしまうところだった。エム牧場でもいっぱいいっぱいだが、協力するしかなかった」と吉沢さんは言う。エム牧場には事故前から飼っていた肉牛のほか、事故後に保護した牛も含めると、三〇〇頭以上が生息している。吉沢さんは、こう続けた。

「命を見捨てるとか、お金をもらったから後はどうでもいいや、という道もあったんだよ。みんなたどったわけだから。放射能が来て、みんな逃げる。殺処分に同意する。ほとんどの人はそうしてきた。それも正しいと思う。やっぱり人間の命が第一だから。でも、牛を見捨てることにも葛藤があった。俺たちみたいに、国にさからって、あえて牛を生かすことを選んだ農家のとった行動も、やっぱり間違いとは言えない」

毎週金曜日におこなわれる首相官邸前の抗議集会や渋谷の街頭でも、吉沢さんは「浪江町はチェルノブイリになってしまった」と原発事故の悲劇を訴え続けていた。

不安を抱えながら福島に戻る人々

福島第一の事故で、警戒区域などの避難地域に住んでいた人たちが避難する場合は、東電の賠償の対象にもなり、また被災者として扱われる。しかし、避難地域以外から避難する人もいて、その場合は、いわゆる「自主避難者」として扱われるのは、前述したとおりだ。

福島県によると、県内への避難者は四万九三三三人（二〇一六年六月二〇日現在）。県外への避難者は四万一五三二人（同年五月一六日現在）。避難先は東京が最も多く、五五二六人。埼玉県は四四一二人。茨城県は三五七九人、新潟県は三三三九人、神奈川県は三〇〇九人、山形県は二九一六人、栃木県は二八〇九人、宮城県は二五八二人。北海道は一二五八人など。避難のピークは一二年四月の六万二七三六人。それ以降、徐々に減少し、県内に戻る人が多くなっている。

福島県は、震災前から少子高齢化や県外への転出の増加などで、人口が減少傾向だった。震災当時の一一年三月の人口は約二〇二万人で、震災以降もその傾向が続くとともに県外への避難者が出たため、一六年一月一日現在の人口は一九一万一五〇〇人となっている。震災当時から二万九千人ほど減少した。

被災当時の居住地に戻りたい……。避難区域から県内に避難した人には、そうした思いが強い。福島県が発表した「避難者意向調査」を見てみよう。対象は避難者五万八〇一八世帯。期間は一六年二月二二日から三月七日。回答があったのは一万六四一七世帯。解答率は三二・九％だった。

それによると、「被災当時と同じ市町村に戻りたい」は三四・二％、一四年の同じ調査では三七・三％だったため、やや減少した。しかも、避難指示区域からの避難者のほうが、区域外からの避難者よりもその割合が高い。避難指示区域からの避難者では四四・九％で、一四年調査の四五・五％とあまり変わっていない。避難指示区域外の避難者は一六・一％と低く、一四年調査の二九・六％よりも下がった。ただし、無回答も増えており、悩んでいる様子がうかがえる。

一方、県外への避難者については、「現在の避難先市町村（福島県外）に定住したい」の割合が多い。二二・三％という数字は一四年調査とほぼ同じだが、無回答も増えた。避難指示区域からの避難者では、「被災当時と同じ市町村に戻りたい」は一九・八％で、一四年調査の二一・四％よりもやや減少した。

「現在の避難先市町村に戻りたい」と回答した人の、戻るための条件は厳しい。「地域の除染が終了」が四五・四％と最多で、「放射線の影響や不安がなくなる」が三九・二％、「避難指示等の解除」が三九・〇％、「避難元の住居に住めるようになる」が三四・二％、「避難元の地域が元に戻る」が三〇・三％と続く。

「福島は危険で住めない」というイメージを持っている人も多い一方、それでも県内に戻りたいと考えている人も存在することが調査でわかった。南相馬市には、私の大学時代の先輩夫婦が住んでいる。子どもが三人いるのに、なぜ南相馬市から離れないのか。

一一年六月二日、待ち合わせ場所となったコンビニの駐車場には、先輩の三条《さんじょう》美雪《みゆき》さん（四三）と長女の志賀《しが》英恵《なえ》ちゃん（七）、次男の志賀《しが》文博《ふみひろ》ちゃん（三）が車でやってきた。美雪さんは、市内の老人保健施設「ヨッシーランド」でケアマネージャーとして働いていた。震災当日は、長男の貞博《さだひろ》くん（一五）が中学校の卒業式だったために仕事は休みだった。働いていた施設は津波の被害にあい、亡くなった利用者もいた。美雪さんは施設にいなかったために無事だった。

その後、原発事故の影響で、震災から五日後の三月一六日に避難することになる。一旦は栃木県那須《なす》塩原《しおばら》市に避難した。そして、実家のある埼玉県へ。美雪さんたちが住んでいた場所は、原発から二五キロ付近のため、屋内待避の指示が出ていた。

避難することには葛藤があった。

福島第一の事故による放射能の拡散を考えれば、少しでも原発から離れたほうがいいと考えた。実家の埼玉県に行けば、被ばくのリスクが下がる。長女は小学生、次男は就学前だ。放射線による発がんリスクを考えるとそう思うのも当然であろう。

一方、震災後の四月から地元の高校に進学予定だった貞博くんは、「友達と離れたくない」という気持ちが強かった。また、働いていた施設が津波で壊滅したため、利用者を別の施設に振り分ける作業を手伝おうかどうか迷っていた。

高校教員の夫・志賀久敏《しがひさとし》さん（四六）も、美雪さんの実家の埼玉県へ避難していたが、その後、福島県いわき市四倉町《よつくらまち》に行くことになる。久敏さんの父は、震災当時、デイサービスを利用していた。バスが利用者を乗せたまま被災し、連絡が取れなくなっていた。その後、いわき市内の病院へ運ばれたことがわかった。義母と久敏さんはいわき市へ行くことになる。夫婦は、南相馬市といわき市とで離ればなれになった。

久敏さんも大変な思いをした。勤務する県立浪江高校は、避難指示が出た浪江町にある。震災直後、生徒の安否確認や高校をどのように存続するのかで揺れていた。その後、二本松市にある安達高校でサテライト授業をすることになった。久敏さんは、いわき市内の高校に赴任した。

埼玉の実家に避難していた美雪さんは、五月四日、貞博くんが入る県立原町高校が再開されるとのことで、南相馬に戻った。しかし、美雪さんの心配の種は絶えない。なぜならば、住宅は線量が低いとは言えないからだ。私が持っていたガイガーカウンターでは、美雪さんの家の庭は毎時で一マイクロシーベルトになる。さらに側溝は三マイクロシーベルトを超えていた。室内でも、窓際は〇・六マイクロシーベルト前後。子どもたちの発がんのリスクを考えると悩む。

「原町区は『緊急時避難準備区域』であり、『危ないから絶対出ていけ』と言われているわけではない。政府も『いまは大丈夫』と言う。『ここは住めない』と言う決め手がない。絶対に危険と言われれば、長男を説得できると思う。でも、地元の友だちと学びたいという長男の気持ちをねじ曲げてまで、実家にとどまってよいものか。三〇キロ圏内は『避難指示』になると思っていた。なぜ、グレーゾーンにしたのか。屋内待機って、それは見捨てられたと同じなんじゃない？　毎日が苦しいです。いつまでこんな状態が続くのか」

福島第一から二〇キロ圏内は、強制的に避難となった。しかし、美雪さんが住んでいる地域は二五キロ付近だ。二〇〜三〇キロ圏内の人々に対する政府の指示は、一時的に屋内にとどまることだった。屋内にいれば、放射線による直接の被ばくを防げるとの判断があったためだ。よって、そこから避難すると自主避難となる。のちに、東電が補償をする際の判断に影響が出る。

日常生活もきつい。

「窓を開けない方がいいと言うけど、暑くなると窓を閉め切っていたら死にますよ」

洗濯に関する悩みもある。

「子どもが三人いるので、洗濯物を外で干せないのもつらいですね」

さらに、側溝の線量が高いとわかったので、美雪さんは子どもを側溝に近づけさせない。しかし、いつそこで子どもが遊ぶかわからない。

震災から三ヶ月。こうした悩みを抱えているのは、この家族だけではないだろう。

緊急時避難準備区域は、政府が「福島第一原子力発電所の原子炉施設の安定的な冷却対策が達成できた」と判断したことから、一一年九月三〇日に解除された。

素人にどう判断しろと言うのか

二〇一一年一〇月二二日。南相馬市原町区に住む美雪さん宅をふたたび訪れた。子どもたちが出迎えてくれた。緊急時避難準備区域が解除されたこともあり、子どもは外で遊んでいた。遊んでいる場所の近くにある側溝は、依然として毎時一マイクロシーベルト以上を記録していた。美雪さんは、不安そうに子どもを見守る。

南相馬市は一〇月一七日、津波被害で修復が必要な学校や比較的放射線量が高い学校をのぞいて、学校（三小学校、二中学校）を再開した。児童・生徒数は震災前二一七三人だったが、戻ったのは八八七人で、震災前の約四割になっていた。

美雪さんは語る。

「市はメッシュ調査をして、放射線量を公表したけど、低くても心配。解除後に子どもがどのくらい戻ってくるのか気になって、毎日、ネットで調べている。いろんな人と話すけど、親の意識もバラバラ。

私はのんきな方だと思っているけど、子どももおかしいと思っているはず。素人にどう判断しろと言うのか」

メッシュ調査とは、地域の設定を細かくした上で、放射線量を調査することを言う。

学校が再開したことをどう思っているのか原町第三小学校（以下、原町三小）に通う英恵ちゃんに聞いてみた。

「戻ってよかったよ。だって、体育館では遊べなかったんだもん。今は体育館が使えるんだ」

原町三小が間借りしていた同市鹿島区の小学校では、体育館には中学校が教室を開設していたため、遊ぶ場所がなかった。そして、体育館で遊べるかどうかを気にしているということは、外では遊べないということを意味する。

美雪さんが続ける。

「学校の説明では、外で遊ぶかどうか、送迎をするかどうか、送迎時に車を使うかどうかは家庭で判断しろとのこと。そう言われてもねえ」

話をしていると、子どもたちが首から何かを下げているのを見つけた。蓄積線量を量る線量計だ。ガラスバッジと呼ばれ、リアルタイムの線量の数値はわからないようになっている。一〇月初旬に郵送されてきて、一二月末に回収する。

美雪さんは、「これじゃ意味ないんじゃない？」ともらす。しかも、一〇月からの線量であり、原発事故直後からの蓄積線量ではない。

このように、被災地で暮らす人々は、不透明な原子力行政に振り回されている。

震災前、原発周辺の自治体では、原発のおかげで雇用が生まれ、税収があがり、財政が潤ってきた側面もある。とはいえ、それは「安全神話」に支えられてきたからこその潤いであった。事故が起き、神話が崩れれば、原発を受け入れてきた前提も崩れてしまう。

震災から三年が過ぎた一四年八月、南相馬市の美雪さんを再々訪した。町では、開店しているお店が以前よりも増えていた。美雪さんに話を聞いた。

「人手不足なんですって。店を開けて、人が入るけど、働く人がいない。飲み屋さんでも、駅前から少し離れたところでも流行っていたんだけど、人手不足でできないので閉めちゃったと。だから、飲み屋も金曜日とかは、予約を入れとかないと入れない、いっぱいで。いま、求人は全国最高レベル。除染とか福祉とかの仕事もあるし」

南相馬市だけでなく、福島県内は人手不足が続く。震災があった一一年三月は、有効求人倍率は〇・八二倍、完全失業率は四・五%だった。そして、訪ねた時期の有効求人倍率は一・四一倍で、完全失業率は三・五%となり、復興需要のため改善されていた。ちなみに、全国平均の有効求人倍率は一・一倍、完全失業率は三・五%という時期だ。

南相馬から避難していた子どもの六割以上は、戻ってきている。学校のクラスの数も増えた。福島県内の子ども向けに保養プログラムがおこなわれており、美雪さんの子どもたちもプログラムに参加している。プログラムの趣旨は、少しでも放射線量が高い地域から離れて、子どもたちを遊ばせることにある。そうすることで、子どもが浴びる放射線の全体量を下げ、外で遊べないストレスを解消させる。プログラムの日数が数日間と短いが、外遊びをするのに放射線量を気にしなくて済むため、心理的な効果はあると言われている。

高齢者も戻ってきている。

「福祉関係も人手不足ね。ここへきて、老人が戻ってきて、二〇～三〇代の働き盛りの人が出て行っている。だから求人がうなぎのぼりだけど」

戻ってきた人たちと、避難をしなかった人たちとの温度差はあるのだろうか。

「どこの職場でも、『あの人は逃げて、戻ってこない』という話になる。いったん避難した人でも『ここを捨てたんだ』と言われている。かなり根深い」

戻りたいという意向を持っている避難者はそれなりに多い。だが、戻ったとしても、解決しなければならない問題が多い。

「放射能に対する考えだって違う」と美雪さんは言う。市内では除染が進んでいるが、美雪さんの自宅は除染作業が終わっていなかった。順番がまわってこないのだと言う。福島第一から九九キロ付近にある私の実家（栃木県那須町）の除染が終わっていた時期だ。結局、一五年秋に除染が終わった。すでに触れたとおり、震災直後の一時期、美雪さんは実家のある埼玉県に避難した。とはいえ、子どもたちにとってのふるさとは南相馬であり、そこが拠り所と感じていたと言う。

「私は地元民じゃないけど、子どもたちはここで育ったので、南相馬が拠り所なんです。私の拠り所は埼玉だったけど、子どものことを考えた末に戻ってきた」

原発事故があったとき、自分が住んでいる地域が「安全か、危険が」を素人はすぐに判断できない。政府が二〇キロ圏内の住民に対して、そのエリアには住むな、というメッセージを出した。実際に危険であるか、危険になる可能性が高いと判断したからだ。しかし、そのエリアから少しはずれた二〇～三〇キロ付近に住んでいる場合、政府の言うように「屋内退避」のままでよいのかどうかは、判断がむずかしい。

避難するにしても、とどまるにしても、一人で生活している分には自分の判断でよいだろう。一方、家族など複数の人が一緒に生活している場合は、夫婦それぞれの親なども含め、簡単には判断できない。ましてや、子どもがいればなおさらだ。

美雪さんのように、子どもの年齢が離れているとさらに悩む。仮に子どもが三人とも就学前なら、避難すると判断したであろう。しかし、高校生ともなれば、自分なりの考えを持っている。「友だちと会いたい」という貞博くんの判断を、親としては尊重したい気持ちもあるだろう。

被災者たちにこんな悩ましい判断をさせたことを、政府や東電はどれだけ実感を伴ったかたちで理解していたのだろうか。

被災者の思いを無視して解除された避難指定

政府は、二〇一四年一二月二八日午前〇時、第一原発事故に伴う南相馬市内の特定避難勧奨地点（年間被ばく量二〇ミリシーベルト、一五二世帯）の指定を解除した。対象となったのは七三九人（一四年九月一七日現在）で、その約八割が避難していた。これで県内の特定避難勧奨地点はすべて解除された。

国は、空間線量が指定基準、つまり年間の被ばく量二〇ミリシーベルトを下回ったという調査結果を示した。そのため、もともとは一〇月中の解除方針を示していた。しかし、住民の不安は消えない。同地点以外の住民にも、心配の声は尽きない。そのため、解除を先送りしていた。

特定避難勧奨地点というのは、福島第一の事故で警戒区域に指定された二〇キロの外側であっても、比較的に放射線量の高い地域として指定した場所のことだ。いわゆるホットスポットであり、一人当たり月額一〇万円が精神的賠償の対象となっている。解除ということで、東電が支払う精神的賠償は一五年三月分で打ち切られた。

東電は一四年一〇月から、内閣府現地対策本部と南相馬市からの要請で、南相馬市内の特定避難勧奨地点で、世帯主が居住敷地内の清掃を希望した場合、それを実施している。また東電は、市役所内に「放射線量不安に関する相談窓口（清掃受付窓口）」を開設して、相談にのり、希望を受け付けていた。

特定避難勧奨地点が解除されても、地域の問題は山積みだ。健康不安だけではない。農作物の出荷制限は続いている。カブ、エゴマ、ウメ、ビワ、ユズ、ギンナン、クリ、原木シイタケ、クルミ、コメ、山菜のタケノコ、ゼンマイ、タラの芽、ワラビ、コシアブラ、野生鳥獣のイノシシ、ヤマドリ、カルガモ、キジ、ノウサギが出荷制限の対象となった。農業被害は継続中で、かつ深刻である。

解除に不満があった南相馬市の住民が一五年四月、国に対して、解除の取り消しを求めて東京地裁に提訴している。原告の数は九四世帯四一五人で、同地点に指定された世帯の約六割となる。また、指定されていない周辺の一一二世帯三九三人も訴えている。

特定避難勧奨地点の解除については、原告は、解除の手続きに次のような違法性があったのではないかとしている。①国は、原告らの被ばく線量を年間一ミリシーベルト以下とする法的義務があること、②解除は、その法的義務に違反すること、③原発事故による国民の生命、身体に生じる被害について、拡大防止を図る必要があること。また、解除の手続きに、地元自治体や住民が関与できる枠組みが作られていたのか、と疑問を投げかけている。

原告側の準備書面によると、原告が法的根拠とするのは、原子力災害対策特別措置法。改正前の二〇条第五項だ。同項には、緊急防護措置を解除するときは、「関連する自治体・住民等が関与できる枠組みを構築し、適切に運用されること」とある。

一一年七月一九日、原子力安全委員会は、「今後の避難解除、復興に向けた放射線防護に関する基本的な考え」を示した。必要に応じ、健康、環境、社会、経済、倫理、心理、政治等の側面から検討を加えるとともに、検討プロセスの透明性を確保しつつ、関係者との充分な協議をおこなうこと、としている。

また、同年八月四日、原子力安全委員会は、改正前の二〇条五項にもとづいて、原子力災害対策本部長に対して、「東京電力株式会社福島第一原子力発電所事故における緊急防護措置の解除に関する考え方について」という文書で意見を述べた。そこでも緊急防護措置の解除をめぐって、「関連する地元自治体・住民等が関与できる枠組みを構築し、適切に運用すること」としている。

国は解除にあたって、市長や議会が参加する全員協議会において非公開で説明すればよいとしている。しかも、国と南相馬市との打ち合わせは、説明であって協議の場ではない、と言う。住民に対する説明はなし。解除反対の声が出ても無視。子どもの健康や農地に関する質問が出たとしても、まともに答えない。最終的に、解除方針に変更はなかった。

裁判上の結論はまだ出ていないが、このままでは被災者は、低線量被ばくの実験の道具になりかねない。国は、賠償をはやく終わらせたいのだろう。だが、未曾有の大災害の復興をどう進めていくのかという過程のなかで、住民の意見を無視するようなやり方で復興政策を進めれば、国への信頼感は地に落ちていく。

「原子力 明るい未来の エネルギー」から四五年

福島第一から約四キロの位置にあるＪＲ常磐線の双葉駅。同駅から歩いてすぐのところに「原子力明るい未来のエネルギー」という標語が書かれた看板があった。二〇一六年三月、この看板が撤去された。双葉町としては、看板の放射線量の値が高く、補修工事ができず劣化して危険と判断した。

この看板の標語を考えたのは大沼勇治《おおぬまゆうじ》さん（三五）で、標語を作ったのは小学六年生のときだ。一九八八年三月、双葉町が福島第一の立地する町として、子どもたちを含む町民から集めた標語の一つを看板にした。

福島第一は、大熊町と双葉町の境界に位置する。七一年三月に一号機が作られ、標語を募集した頃には七号機と八号機の建設を計画していた（しかし、原発事故により計画中止）。町をあげて原発を誘致するムードだったが、八六年にチェルノブイリ原発事故があったため、それ以降、大沼さんは原発に疑問を抱いていた。しかし、いつしか「チェルノブイリは遠くのこと」と思うようになっていった。

大沼さんは、高校卒業をしてから一度、県外に出る。だが、大学を卒業してから双葉町に戻り、不動産屋に勤務した。原発に対して抱いていた危険なイメージは、徐々に薄らいでいた。むしろ、東電と共存することを考えていった。

「当初、漫画喫茶を作ろうとしたが、銀行の融資が通らない。一方で、東電社員のためのアパートを建てようとしたら、融資が通る。東電は人生の成功モデルだった」

標語の看板の近くは、東電社員らが利用するための、オール電化のマンションを建設した。

二〇一一年三月一一日午後二時四六分。大地震があった。大沼さんは、妊娠七ヶ月の妻のせりなさん（三五）に「早く逃げろ」と電話をした。会社内で「東電関係者が逃げている」という情報を得たが、外に出ると道路は大渋滞。双葉町から大熊町まで二時間もかかった。南相馬市や相馬市の道の駅に順に避難した。二日後には、せりなさんの実家がある会津地方に避難した。

「会津は原発から離れているし、磐梯山もあるため、放射能をさえぎるのではないか」

さらに大沼さんは、妊婦のせりなさんが放射能の影響を受けないようにと、三月末、親戚が近くに住んでいる愛知県安城市《あんじょうし》に避難し、仮設住宅とみなされる住宅に住んだ。その後、避難先で子ども二人が生まれたが、内部被ばくの検査は事故後三年経ってからおこなわれたため、事故当時に被ばくした量(初期被ばく)はわからないままだ。

「リスクがゼロにはならないので、いまは内部被ばく量を下げる努力をするしかない。たとえば、水は買うことにしている。米は秋田や新潟ものを買っている。個別に見ればきちんと検査をしている食品もあるのでしょうが、産地は選ぶようにしている」

せりなさんは、毎日の食材に気を使う。ただ、心配すればするほど、どこまで心配すればよいのか悩む。原発事故の際、まず心配となる被ばくの要素は、甲状腺に放射性ヨウ素を吸収するかどうか。吸収量が多ければ、甲状腺ガンのリスクが高まる。それを避けるため、被ばく直後に天然ヨウ素を飲むことだが、事故後、大沼一家に天然ヨウ素は配布されなかった。

初期の被ばくについては、もはやどうしようもない。そのため、食事や水から取り込む内部被ばくに気を遣っている。福島産の米や牛はきちんと検査がされている。他方、魚の場合は、水揚げをした港が産地になる。たとえば、福島沖で獲れた魚でも、北海道で水揚げをすれば北海道産になる。加工食品の場合も、加工された工場の住所しか書いてない。気にしたらキリがないのが現状だ。

大沼さんは、双葉町内の自宅に何度も一時帰宅している。原子力の標語については、〝書き換え〟をおこなっている。標語の一部を別の言葉にし、その言葉を記した紙を持ちながら、個人的に写真を撮影し、ＳＮＳで公開しているのだ。

「原子力　制御できない　エネルギー」
「脱原発　明るい未来の　エネルギー」
「核廃絶　明るい未来の　エネルギー」

大沼さんは一四年五月、茨城県古河市に引っ越した。もっとも近い原発は、日本原子力発電の東海第二原子力発電所（茨城県東海村《とうかいむら》）で、自宅から原発までの直線距離は約八〇キロ。福島第一から自宅まで、約二六〇キロ。どこで暮らしても、近くに原発がある。

震災後に太陽光発電の会社を作った。茨城県の石岡市《いしおかし》、常陸太田市《ひたちおおたし》、栃木県のさくら市と那須烏山市《なすからすやまし》でソーラパネルを設置し、太陽光発電の手伝いをおこなっている。

「僕たちは福島を出たが、福島県民だと思っている。故郷には変わりがない。原発事故は日本だけでなく、世界中の問題だ。のちのち恩返しをしたい。当事者自ら訴えていかないと説得力がない」

こう語った大沼さんは、いまは原発に大きな疑問を持っている。

標語を書いた少年時代は、原子力への疑いがない時代だった。原発事故前の双葉町では、「東電にあらずは人にあらず」とか「結婚するなら東電社員」と、当たり前のように言われていた。標語を書くことで、町の一員としての自覚も芽生えた。そんな少年にとって、看板は誇りだったはずだ。

しかし、原発事故でその思いが一転する。

大沼さんは、撤去された看板の近くに、以下のような現在の心境を記した詩をパネルに記し、自身で設置した。

新たな未来へ
双葉の悲しい青空よ
かつて町は原発と共に「明るい」未来を信じた
少年の頃の僕へ　その未来は「明るい」を「破戒」に
ああ、原発事故さえ無ければ
時と共に朽ちて行くこの町　時代に捨てられていくようだ
震災前の記憶　双葉に来ると蘇る　懐かしい
いつか子供と見上げる双葉の青空よ
その空は明るい青空に

震災三年　大沼勇治

私がこのパネルを見つけたのは、大沼さんを取材する前だった。原発推進標語を作った本人が、事故後の気持ちをその場で残したのだろうと感じた。その一方で、原発に疑問を持たなくなるプロセスを知りたいとも思い、取材を申し込んだ。

震災後、大沼さんは各地で、原発推進に加担したことへの反省の意をこめて講演をしている。原発事故の伝道師としての役割を担っているのだ。

第6章

エゴ、震災、そして絆

〈第6章扉　写真〉
福島県浪江町のＪＲ浪江駅前の新聞店。店員が慌てて避難したからなのか、震災翌日の新聞が放置されていた。（2011年9月30日撮影）

高速道路の無料化とボランティアの分断

東日本大震災を受けて、国交省は一時期、被災地とその周辺の高速道路を無料とした。対象になったのは、東北自動車道の一部と、それに接続する有料道路、山形自動車道と常磐自動車道、磐越自動車道の一部であった。また、青森県内の東北道や秋田・山形道の全線、日本海東北道の一部などは、観光振興のためにETC（電子料金収受システム）搭載の普通車以下に限って、土日祝日の無料化を実施した。

被災地の復旧・復興を支援するとして、国費の二五〇〇億円を投入し、無料化の期間は二〇一一年一二月から一二年三月末まで。被災者の車両と一般の車両を区別することはなかった。復旧・復興工事、災害ボランティア、被災地観光をする人たちにとって、経費が削減されたし、被災地に行く動機を作ることにもなった。

無料化期間が終わったあとでも、行政機関や社会福祉協議会（以下、社協）の災害ボランティアセンターなどに関連したボランティア活動は「災害派遣等従事者車両」となり、高速道路は無料で通行できた。ただし、ボランティア活動は、社協と関連しない活動も含まれる。民間のボランティアセンターを通じたものや、個人的な活動も多い。だが、行政機関や社協の災害ボランティアセンターなどを通さない組織と個人の車両は、「災害派遣等従事者車両」にならない。

災害ボランティアセンターの設置は、市町村や社協の内規によって定められている。たとえば、横浜市の災害ボランティア支援センターの運営マニュアルによると、横浜災害ボランティアネットワーク会議が横浜市の要請に基づいて、横浜市社会福祉センター内に設置することになっている。

設置基準は、大規模災害地震対策特別措置法第九条による「警戒宣言」が発令されたとき、市域内で震度五強以上の地震が発生したとき、となっている。それ以上に設置の根拠となる規則や法律はない。

「東日本大震災ボランティアセンター報告書」(全国社会福祉協議会、一二年四月発行)によると、東北の被災三県では、県社協や市町村社協によって一〇四のボランティアセンターが設置された。三県だけでなく、北は青森県から南は沖縄県まで、また群馬県を除く関東地方など二六都府県で一九六のセンターが設置された。

社協に関連しないボランティアセンターが設置されることは、法的には排除されていない。東日本大震災では、NPOによるものや宗教団体によるものなどが多かった。個人でボランティアに出向く人もいた。社協などの公的な機関のボランティアセンターが設置されたとしても、運営方針の違いから、別にボランティアセンターができた地域もあった。

社協が被災しないとも限らない。社協職員がセンター設置に関与できれば迅速に対処できるが、混乱が生じた場合は、指揮系統がバラバラになる。陸前高田市社協は津波で被災し、事務局長や常勤職員が死亡した。そのため、外部からの応援によって、ボランティアセンターが立ち上げられた。この事例だけを見ても、社協を通じたボランティア以外の多様な選択肢があったほうがよいのは明らかだ。

「岩手県東日本大震災津波の記録」（岩手県、一三年三月）の「災害発生からの動向」では、「被災地の社協における初動期の問題点」として、「社協自体が大きな被害を受けた場合の現地災害ボランティアセンターの立ち上げ支援に関する仕組みが整備されて」いなかったことや、ＮＰＯやＮＧＯ等の専門性の高い自己完結型のボランティア団体と一般のボランティア、それぞれに適した受け入れ体制を構築しておらず、混乱したとまとめた。

社協とそれ以外のボランティアセンターとの関係は、設立趣旨が違っているために、連携がうまくいかないのは仕方がない面もある。社会福祉学の岩本《いわもと》裕子《ゆうこ》氏は以下のように指摘している。

「民間のボランティアセンターはボランティアという言説がまだ日本社会に根付いていない時代から、ボランティア活動のパイオニアとして、と同時に中間支援組織のパイオニアとして、ボランティアとは何か、どうあるべきか、ボランタリズムを追求し続けながら、社会に積極的に発信し、育成し、広げる役割りを果たしてきた」（「社協と民間ボランティアセンターの関係にみる社協ボランティアセンターの課題」『人間福祉学研究』第四巻第一号、二〇一一年一〇月）

民間ボランティアは、社協よりも先駆性がある組織が多く、また専門的な蓄積がある場合も多い。震災時は緊急性や専門性のあるボランティアや長期の継続を必要とするボランティアなど、必要とされる組織の特徴は様々だ。つまり、民間ボランティアのなかにも、被災地復興に貢献できる組織があるにもかかわらず、行政機関や社協を通じたボランティアだけ高速道路を無料とするのは、おかしな方針ではないか。しかも、年月が経つと、無料となるボランティアの範囲が限定された。そんなことをしていると、ボランティア活動が停滞・萎縮し、復興の妨げになることが懸念される。

私は東日本大震災の取材で、社協のボランティアセンターも、それ以外のボランティアセンターも取材した。そもそも「ボランティアセンター」とは名乗っていないが、独自にニーズを把握して、活動していたボランティアの組織や団体、個人もいた。

大規模災害の場合は、社協だけが音頭をとってボランティアのコーディネートをしていくと、それぞれの民間ボランティアに対する不公平が生じる。情報が行き渡らなかったり、交通を確保できないからだ。そのため、被災現場と社協が結びつかないこともあった。

社協が募集したボランティアは、交通手段や身の安全が確保された地域に派遣される。孤立した地域では交通の手段がままならないし、原発被災地では放射線の影響で健康の保証ができないからだ。一方、個人のボランティアは、被災者たちの役に立とうと、社協とは関わることなく地域に入っていく。被災者には、煙たがられることもあるが、役に立って喜ばれることもある。

被災地は変容していく。震災直後とその五年後では、人も街も土地もボランティアの必要性も変わっていく。ただ、高速道路無料化の制限は、特に、中長期的なボランティアへの参加を減らすための口実を与えたと言っても過言ではない。

比較的金銭的な余裕があったボランティアは自己負担をしていたり、団体とつながっている場合は、大型バスが用意され、少ない交通費で済んだ。しかし、個人と個人が繋がる場合もある。休みが取れるときに、その時々に必要な活動を個人で実践していた人たちは、交通費を出せなくなり、なかなか被災地に行けなくなった。高速道路の無料化をめぐる動きを見ていると、「絆」とはいったい何だったのかと再考せざるをえない。

震災五年後の炊き出しに意味はあるのか

東日本大震災が発生してから四日後、私は現地取材に向かった。はじめは電車で行ける関東の被災地に行った。東北地方の被災地に行けたのは一二日後だった。東北への取材前、私は知人を訪ね、防災グッズを借りた。被災地は停電しており、充電ができない。そのため、手動でできる充電器を貸してもらった。また、三月の東北は極寒なので、ホッカイロを用意してくれた。テントも預かった。被災地で泊まれる場所など想像できないからだ。

さらに、タオルや生理用品、古着、毛布などを預かった。避難所に預けてほしいと言う。その知人は、阪神大震災の被災経験から、非常用にそれらを準備していたのだ。私は被災地に到着してから、それらの品々をいくつかの避難所に届けた。

私が届けたものは、膨大なニーズのなかの少しでしかない。しかし、どんな時期に何が必要になるのかと、過去の被災経験を元に備えをしていた知人から預かったものだ。それほど的外れな支援物資ではないように思った。

避難者にはどんなニーズがあるのか。それは、ボランティアセンターでニーズ調査をする人たちが把握することになる。被災者に直接話を聞いて、意見や希望を聞いたり、また被災状況を把握し、必要な支援を提案するのだ。

しかし、ボランティアセンターがすぐに立ち上がり、機能するわけではない。その場合、それぞれのボランティアが独自の判断で被災地に出かけている。三月二六日、千葉県から南相馬市の避難所にラーメン作りのボランティアで来た日系ブラジル人男性と出会った。

「社長から、『一緒に行きませんか？』と誘われたんです」

この時期の南相馬市は、福島第一の事故の影響で孤立していた。北側に位置する相馬市側からも、西側となる飯舘村側からも、物理的には通行ができた。しかし、それらの地域に避難指示が出たことで、とにかく物資が入らない。そんな時期に、食事の支援は大変ありがたい。

「僕もブラジルで、何回も家が水没したことがあります。家は農家で、出荷するものがなくなってしまった。津波とはぜんぜん違うとは思いますが、みなさんの大変さはわかります。だから少しでも力になれればと思ってきました」

震災直後は、ボランティアの迅速な動きによって、被災者が助けられた時期だ。被災地で数多く見かけたラーメンでの支援は、食べ物がそれほど入手できず、しかも冬の寒い時期、とても役に立っていた。同じボランティアでも、活動を実施する時期によって、提供すべき物資の質や量が変わってくる。場合によって、必要のない支援は復興の邪魔になる。たとえば、被災地でラーメン店が再開しているのにもかかわらず、ボランティアが無料で配布すれば、被災者の経済的な自立を妨げるかたちになる。

一四年秋、岩手県沿岸部の被災者のところに、東京に住む会社員らのグループからボランティアをしたいと連絡があった。何をしたいのかと聞いたら、焼肉を振る舞いたいとのことだった。

震災直後であれば、焼肉を振る舞うボランティアは喜ばれた。焼肉店は再開しておらず、自炊でも焼肉など食べられない時期があったからだ。だが、震災から数年もたてば、焼肉店は再開している。また、精肉店も商店街で復活していた。そんな時期に、東京から焼肉を振る舞うためにボランティアが来る、というのだ。その被災者は「なぜ、この時期に?」と思ったそうだ。とはいえ、肉や野菜を地元で買えば、経済も回る。ボランティアを受け入れた。

しかし、彼らがやってきて、驚いた。被災地で肉を買わず、しかも被災県産でもない肉を首都圏で買ってきた。ようは、焼肉など振る舞う必要のない時期に、被災地の経済を潤すこともなく、自分らが人助けをしているという気分を味わうために、彼らは首都圏からやってきたのだと思わざるをえない。

時期に応じたニーズがあり、それに応じたボランティアのかたちがある。他者が勝手に、いつまでも「被災者は救済しなければならない」と思い込むのは問題であり、支援の押し付けにつながりかねない。

震災からまだ一ヶ月の頃だった。ある被災者と私が話をしているとき、こんなことを言っていた。市民活動やNPOなどに関わっている人だ。

「三年後、被災地に来ているボランティアは、どのくらいいるんだろう」

一ヶ月後といえば、多くの人が東北へ出かけたころだろう。実家や親族が心配な人もいただろうし、私のように仕事で出かけた人もいる。そして、ボランティアで携わった人たちもその一群だ。

一方で、しばらくは被災地に行くことをためらっていた人も多い。「自分が行って何の役に立てるのか？」とか「復旧や復興にとって、自分が被災地にいることは邪魔なだけではないか」などと考えて、都内から動かなかった人や動けなかった人の話を聞いたことがある。

いずれにせよ、「何かをしなければ」という強い衝動があって、ある人は動くという選択をし、ある人は動かない選択をした。

ボランティアにとっても、事情は様々だ。被災した家屋の掃除でも、津波や地震が起きてすぐに必要な場所もある。しかし、福島第一から二〇キロ圏内である警戒区域の場合は、すぐには掃除のボランティアはできない。私も南相馬市小高区内で、震災当時から新潟県に避難したままになっていた家屋の掃除を、三年後に手伝ったことがある。これは津波瓦礫の処理も同じようなことが言える。

ボランティアを長期的に続けるのは、それなりの意志と資金が必要になる。支援内容によっては組織力も必要になる。いくつかの団体が被災地にボランティアの拠点を作ったりした。たとえば、国際NGOのピースボートは震災後、いち早く動き、石巻市に拠点を置き、一般社団法人ピースボートいしのまきとして現在も活動を継続している。

そこまで活動を実施するためには、ノウハウも必要だったはずだ。長期的な支援を当初から考えていた様子だが、ノウハウは最初から整理されていたわけではない。地域に根付くなかで構築してきた面も強い。だからこそ、地域の人々に信頼されながら、続けることができたのだ。

続けること自体がよいとも言えない。ボランティアや救援、支援がかえって復興の妨げになると、当初から懸念していたのは、岩手県内の保育士、佐藤優美子《さとうゆみこ》さん（四三、仮名）だ。救援物資などで物が溢れることを子どもが目の当たりしたことで、何もしなくても、目の前に物がある状況が続いていた。被災した子どもは絶対的に支援の手が入る。ボランティアに来た人に甘やかされる。

佐藤さんは「最初は本当に助かりました。でも、物資があふれたいまの状況は、子どもたちの自立を妨げることになりかねない」などと心配していた。

岩手県の中学教諭、村田信一《むらたしんいち》さん（五二、仮名）は、震災後、被災した学校とボランティア団体や支援団体との交流の場をどう作るのかと悩んでいた。交流は善意でおこなわれており、続けたいとの気持ちもある。しかし、いくつもの団体があり、交流の時期も集中する。交流に時間を割くと、授業時間を確保することが難しくなり、カリキュラムをこなすことが難しくなる。

被災地以外の人が被災した学校を支援したいという気持ちには応えたい。そう思えば思うほど、現実の学校運営が回らなくなる。

「フクシマは制御されている」——根拠のない首相発表

二〇二〇年のオリンピックは、開催地が東京となった。開催地が決定した際のプレゼンテーションで、安倍首相はこう述べた。

「福島についてお案じの向きには、私から保証をいたします。状況は、制御されています。東京には、いかなる悪影響にしろ、これまで及ぼしたことはなく、今後とも、及ぼすことはありません」

この発言については、批判が多い。首相がどうやって安全性を「保証」するのか。たしかに、原発事故当時から考えれば、放射線量は低くなったし、警戒区域とされた福島第一から二〇キロ圏内であっても、居住が許されない範囲が狭まった。だからといって、東京に悪影響がなければよいと発言するのはどうだろう。

福島第一が立地する福島県大熊町と双葉町での帰還困難区域について、自民・公明の両党は八月二四日、五年後をめどに居住可能な復興拠点を整備する提言書を安倍首相に提出した。拠点整備のめどが立った段階で、周辺の避難指示を解除するよう求めている。しかし、どのくらいの住民が戻るのかは不明だ。低線量被ばくによる長期的な影響は未知数であり、福島県内では小児甲状腺がんの発症が震災前よりも多く発見されている。

福島県がまとめた「県民調査報告書」（一五年五月一八日）によると、福島県内で小児甲状腺がんの疑いがある子どもの数は一二六人となった。この数字は、一三年度までの三年かけて実施された「先行調査」と、一四年度からの二年間でおこなわれた「本調査」の人数を足したものだ。

「先行調査」では、原発事故当時に一八歳以下の子ども三六万人が対象。甲状腺がんおよびがんの疑いのある子どもは一一一人だった。「本調査」では、先行調査の対象になった子どもと、事故後一年間のあいだに県内で生まれた子ども三八万人が対象。小児甲状腺がんおよびがんの疑いのある子どもは一五人だった。合わせて一二六人ということになる。

原発事故では、甲状腺がんになることを防ぐ天然ヨウ素を配布するが、今回はうまく配布できなかった。放射性ヨウ素が半減期になる八日間のうちに、甲状腺検査ができなかったのだ。しかし、県は、今回の小児甲状腺がんと原発事故の関連性を認めていない。ただ、小児甲状腺がんは原発事故後も健康問題としては心配の種であることは間違いない。

安倍首相は原発事故の影響で流出している汚染水について、前述した五輪招致活動時のプレゼンテーションの質疑で次のように回答をしている。

「汚染水による影響は、福島第一原発の港湾内で完全にブロックされている。福島の近海で行っているモニタリングの数値は最大でもWHO（世界保健機関）の飲料水の水質ガイドラインの五〇〇分の一だ。また、わが国の食品や水の安全基準は世界で最も厳しいが、被ばく量は日本のどの地域でもその一〇〇分の一だ。健康問題についてはいままでも現在も将来も全く問題ない」

招致活動のプレゼンテーションでネガティブな情報を出せないのはわかるが、それをポジティブな情報に変換してしまっているのはいかがなものか。汚染水はその後も漏れ続けていた。

堤防もしくは汚染水の拡散を防ぐ水中カーテン（シルトフェンス）で仕切られている。しかし、完全にブロックされてはいない。安倍首相のプレゼンの翌日、一三年九月九日、東電の会見では、シルトフェンスの内外では放射性物質の濃度は五倍程度の違いがあり、外側は基準値以下の濃度のため、「外洋への影響が少ない、あるいはない」と話した。一方で「海水の行き来がゼロになるとは思っていない」、また「シルトフェンスでもトリチウムを止める力はない」とも述べている。そのことから、状況をコントロールしているとは言えないのではないか。

海洋に放出されたセシウムはやがて日本沿岸に戻ってくると予測されている。福島大学の青山《あおやま》道夫《みちお》氏は、こう発言している。

これまでに福島原発事故で海に流出されたセシウム一三七は、黒潮に乗って東へ拡散した後、北太平洋を時計回りに循環し、二〇から三〇年かけて日本沿岸に戻ると私たちは予測しています。海に直接出たセシウム一三七は、五月末までに三五〇〇テラベクレル（テラは一兆）と試算し、ほかに大気中へ放出された後に海に落ちた量が一万二〇〇〇から一万五〇〇〇テラベクレル程度あるとみており、総量は一万五五〇〇から一万八五〇〇テラベクレルで、過去の核実験で北太平洋に残留している量の二十数%に当たります。

私たちは、核実験後に検出された放射性物質のデータなどを基に、今回の事故で出たセシウム一三七の海洋での拡散状況を分析しました。福島県沖から北太平洋へ水深二〇〇メートル以下の比較的浅い部分で東へ流れ、日付変更線の東側から南西方向に水深四〇〇メートルを中心とした深さで運ばれることになります。フィリピン付近から一部は黒潮に乗って北上し日本沿岸に戻ります。

フィリピン付近からはインドネシアを通過してインド洋、さらに四〇年後には大西洋に到達する流れのほか、赤道に沿って東に進み太平洋の東端で赤道を越えた後、赤道南側で西向きに流れるルートもあります。（『国公労調査時報』一二年四月号）

予測が本当であれば、汚染水はコントロールできない。汚染された海洋の水が日本近海にふたたびやってくる。そして、太平洋沿岸に拡散してしまい、環太平洋の漁業資源を台無しにしてしまう。安倍首相は、何を根拠にあのような発言をしたのか、疑問に思わざるをえない。

東電は、汚染水自体を増やさない対策を講じた。福島第一の敷地内に地下水を流入させないため、凍土遮氷壁（凍土壁）を作ったのだ。土を凍らせ、壁を作ろうと試みた。しかし、一六年八月の原子力規制委員会の検討会で、山側の一部は凍っておらず、地下水が敷地内に流入していると東電は報告した。つまり、汚染水対策はコントロールされていない。

今からでもよい。安倍首相はプレゼン内容を撤回すべきだ。

御用学者と非難される南相馬の医師

東京から福島県南相馬市に通っている医師がいる。東京大学医科学研究所の坪倉《つぼくら》正治《まさはる》さん（二九）もその一人だ。坪倉さんは、二〇〇六年三月東京大学医学部を卒業。その後、亀田総合病院の研修医、帝京大学ちば総合医療センター、がん感染症センター都立駒込病院を経て、一一年四月から東京大学医科学研究所研究員として勤務していた。

東日本大震災発生以降、毎週月～水は福島に出向き、南相馬市立総合病院を拠点にした医療支援に従事している。専門は血液内科で、内部被ばくを調査している。

「一二年四月から支援に入り、たまたま市長さんと話をする機会があり、『外来が足りない』という話を聞きました。五月半ばから、同病院の非常勤の医師として働いています」(坪倉さん)

計画的避難地域となり、全村避難となった飯舘村での健康診断を手伝ったり、同病院で診察をしている。すると、住民から質問されることも多い。

「質問の多くは『どのくらいの値が危険でしょうか?』というもので、食べ物に関するものです。そして、ほとんどが生活に密着した質問です」(同)

福島第一の事故後、チェルノブイリにも視察に行き、現地の医療スタッフと懇談を重ねた。南相馬市での内部被ばくの検査をした上で、データをくわしく分析し、学習会で話をしている。

「単純に(セシウムの数値だけで内部被ばくが)危ないとも、安全とも言えません。検査では、ほとんどの子どもたちはセシウムが未検出でした。問題なのは、どこに居たのかではなく、吸ったセシウムの量です。もちろん、セシウムが検出された子どもも一部はいて、定期的にフォローする必要はあります」(同)

セシウムは、代謝する速度の違いで、体内に吸収してしまうのか、排泄されるのかが決まる。男女差や年齢差も関係する。ただ、現状では内部被ばくの危険がなくても、今後の生活次第で体に取り込む危険性はあるとして、坪倉さんは以下のように話す。

「まずは食べ物を気をつけてください。チェルノブイリでも内部被ばくをした人が増えたのは、直後ではなく四〜五年後です。水や空気よりも、食べ物が主な原因です。『そこで作ったものしか食べない』というチェルノブイリと日本とは違いますが、検査や流通がしっかりしている店で食べ物を買うようにしてください」

坪倉さんの話を広く聞いてもらおうと、震災後も避難せず南相馬市に残った人たちを対象にした学習会を主催するのは番場《ばんば》さち子さん（五〇）。市内で学習塾を営んでいる。不安を感じた番場さんは震災後、坪倉さんとフェイスブックで繋がった。現在は、東京にも「番來舎《ばんらいしゃ》」という拠点を開いた。

「一時期、線量が高かったため、伊達市に避難していました。避難所ではストレスで男性たちがケンカをしていました。そんな光景を見ていたら、避難の意味を考えちゃってね。仮に一〇年命が縮まったとしても、意味のある生き方をしたい。そのため、情報が欲しいと思ったんです」

こう話す番場さんは、個人的に情報を得るだけでなく「みんなに広めたい」と思うようになり、学習会を計画した。南相馬市だけでなく、避難している子どもたちが住む都内でも学習会をおこなっている。震災後、番場さんは若いママや子どもたち、高齢者のサポートを目的とした「ベテランママの会」を立ち上げ、「福島県南相馬発　坪倉正治先生のよくわかる放射線教室」という冊子を作成した。この冊子の内容についても、「放射線は恐くない、と宣伝するもの」などと批判や苦情があった。坪倉さんが関わるものは、信用できないという人々がいるのだ。

「私自身、放射線のことはわからない。勉強会に来て、先生に質問すればいいと思うんです。話を聞いて、『危険』と思うのなら避難すればいいし、『大丈夫』と思うのなら戻ればいい。正解はないのです」

線量が下がっているとはいえ、南相馬市は生活をする上で「安全」とは言い切れない状況だ。坪倉さんの言うように、知識を得た上で放射線とともに暮らすか、それが嫌なら避難を続けるしかない。

一方、内部被ばく問題は、福島県の人だけの問題でない。福島第一から遠い距離に住んでいる人にとっても、どのように放射能と付き合いどう生きるのかのヒントが、坪倉さんの言葉には隠されている。

番場さんが主催する都内の学習会で、私は坪倉さんを知った。震災から半年ほど過ぎたころ、知人の編集者が「南相馬に行っているのなら、役に立つはず」と、この学習会を教えてくれた。最初は、坪倉さんの説明には懐疑的だった。あれだけの原発事故があったのに、チェルノブイリよりも南相馬の子どものほうが内部被ばく量が少ないなんて、あり得るのかと思っていた。

しかし、チェルノブイリ原発事故の当時は、旧ソ連が崩壊する過程で起きた。現在の日本と比べて医療水準は低く、食糧の流通は地産地消であった。いまの日本では、地産地消のみで食いつなぐことはありえない。たとえば、福島県産の野菜がまったくなくても、福島県内の食糧が不足することはまずない。

さらに、同原発事故が起きた時期には、旧ソ連内でゴルバチョフが登場し、官僚の体質を改善しようとしていた。ペレストロイカ（改革）の時期でもある。原発事故によって官僚主義が露呈したことで、さらなる改革であるグラスノスチ（情報公開）を展開していく。

事故から五年後の一九九一年八月には、クーデターが起きる。国内は大混乱で、流通が機能しなくなる。食料のセシウムの量を測っている場合ではない。それが、内部被ばくをする人たちが多くなる素地となった。

他方、現在の日本では、こうした大混乱は起きていない。むしろ福島県産の食糧は、セシウム量を検査し、発表している。

また、平田中央病院に併設された公益財団法人震災復興支援放射能対策研究所は、三春町《みはるまち》の一二歳以下の子ども延べ二六六三人の尿中のヨウ素濃度を調べ、検査結果を発表した。三春町は福島第一から西に約五〇キロ、郡山市の東に位置している。

天然のヨウ素が不足していると、原発事故のときに発生する放射性ヨウ素を体内に取り込みやすい。一般に、日本人はワカメなどの海産物を食べているため、天然ヨウ素が体内にあり、天然ヨウ素が「蓋」の役割をして、甲状腺に放射性ヨウ素を取り込みにくいとされている。

同研究所が二〇一三年度から一五年度にかけて調査した結果、WHOが「深刻なヨウ素欠乏」とする基準の二〇マイクログラム未満の人はいなかった。ただし、原発事故直後の調査ではないため、この調査をもって「放射性ヨウ素を甲状腺に取り込んでいない」とは言い切れない。

また、同研究所が一四年二月から一五年一一月までに検査をした県内外の延べ五六〇〇人のうち、九九・九％で内部被ばくが検出されなかった。内部被ばくが検出されたのは三人で、三人とも山菜やキノコを食べたことが原因だと見られている。これまで四万六五〇〇人が検査を受けたが、検出限界（検査機器が持つ最低限の検出能力）以下の割合が増えつつある。これは、スーパーで食品を買うときに県内産を避けている割合が高いことと関係している。

〝明確に〟危険を指摘しない坪倉さんは、ツイッターなどで東電の〝御用学者〟と言われることもある。グーグルで「坪倉正治」と検索すると、関連キーワードに「御用学者」との文字が見える。試しに、そうしたキーワードでさらに検索し、該当するサイトを開いてみると、誤解が多いことがわかる。それに対して、「状況はひとりひとり違いますので、本当は対面で話をしたい」と坪倉さんは応答する。

坪倉さんは、内部被ばくの数値が高い子どもがいないというデータを発表している。しかし、「福島の子どもは安全」と言ったことはない。むしろ、調査をした南相馬市などの子どもや周囲のおとなは、放射能に対して気をつけているからこそ、数値が低くなっている。

「安全か、危険か」について、坪倉医師は単純に判断していない。むしろ、内部被ばくが高まることが想定できる家庭菜園で採れた野菜や野生のイノシシの肉などは、食べることを控えるように勧めている。

ただし、初期被ばくや低線量被ばくについて、見逃されているのではないかと指摘がされることがある。重要な指摘であり、坪倉さんもそれを否定した議論はしていない。

放射線量はゼロベクレルにはならない

どれだけ測量をしても、放射能に関しては不信感を持つ人がいる。ゼロベクレル、つまり、全く放射線による被ばくをしていない状態を求める人たちのことだ。消費者庁は「食品と放射能に関する消費者理解増進チーム」を設置し、風評被害対策に取り組む。その一環で、「風評被害に関する消費者意識の実態調査」をしている。二〇一六年三月の発表で七回目になる。対象は、岩手、宮城、福島、茨城の被災地域と、首都圏と愛知県、大阪府、兵庫県の消費者五一〇〇人余りから回答を得た。

食品購入時に産地を「気にする」人の割合は微減だ。平均すると、約四人に一人が「気にする」ということになる。産地を「気にする」「やや気にする」理由で最も多いのは、「産地によって品質(質)が異なるから」で、第七回調査では三割強。また、「放射性物質の含まれていない商品を買いたいから」は、第七回では二割弱と下がった。

その一方で、「放射線による影響が確認できないほど小さな低線量のリスク」は、「基準地内であっても少しでも発がんリスクが高まる可能性があり、受け入れられない」の項目では、五人に一人の割合で、少しの放射線被ばくも受け入れられないと答えている。

「基準値内であれば、他の発がん要因(喫煙、毎日三合以上の飲酒、痩せすぎなど)と比べてもリスクは低く、現在の検査体制の下で流通している食品であれば受け入れられる」は第一回から減り続け、

第七回は初めて三割を下回った。「十分な情報がないため、リスクを考えられない」と回答した人も増えている。第七回では三三・九％で、第一回と比べると、一〇ポイントほども増加した。それだけ「十分な情報がない」と捉えている人が多い。

たしかに、放射線に関する情報は十分ではないし、これまで日本人がそれほど強く意識してこなかった。きちんとした教育もされていない。一方、農薬の場合、一時は問題になったものの、残留農薬があっても、現在の流通システムのもとでは、スーパーなどの商品は受け入れている。

内閣府食品安全委員会のモニター調査「食品の安全性に関する意識等について」（四七〇人対象、有効回答率八六・四％、〇九年七月実施）によると、「農薬」について「国の安全基準が科学的な健康影響評価によって設定されている」と回答したのは八八・四％。食品添加物に対する同様の回答（八七・九％）と同等で、ＢＳＥ＝牛海綿状脳症（七七・六％）や遺伝子組換え食品（六四・七％）に対する同様の回答よりも高い。

また、社団法人中央調査社の調査（四〇〇〇人対象、有効回答数一二五八人、〇九年一二月調査）では、食品の安全性に不安を感じている人は、「非常に不安」と「やや不安」をあわせて六一・九％ある。特に「(残留) 農薬」への不安は六四・六％もある。しかし、市場に出回っている食品表示へは「非常に信頼している」と「まあ信頼している」を合わせて七四・三％となり、市場で流通している商品への信頼は高い。

被ばく量をゼロベクレルにすることなど、現実にはありえない。原発事故がなくても、私たちは放射性物質を浴びている。放射全医学総合研究所によると、日本人一人あたりの自然放射線量は平均で年間約二・一ミリシーベルト（世界人口の平均は年間三・五ミリシーベルト）。宇宙からの自然放射線は約〇・三ミリシーベルト、大地からは約〇・三三ミリシーベルト、ラドン等の吸入で約〇・四八ミリシーベルト、食物から〇・九九ミリシーベルトを浴びているのだ。

地域を分断した避難用の高台建設

東日本大震災で最大の被災地・宮城県石巻市。その津波浸水域の住民のなかには、津波が来る恐れがあるとして、震災前から高台の避難場所を作ろうと動いていた人がいた。しかし、地区の住民のなかに反対の声があり、整備を断念していた。「郷土を守りたい」という気持ちは今でも持っていると言い、現在でも、津波対策について行政に働きかけをしている。

石巻市長面《ながつら》地区《ちく》は、新北上川河口付近に位置している。下流側には尾崎《おのさき》地区があるだけ。その先は追波湾につながる。上流側には前述の大川小がある。私は、大川小の遺族への取材をするなか、時間があるときは、大川小よりも下流の長面地区や尾崎地区の住民からも声を聞こうと、取材に向かう。震災以後は居住制限がかかっており、住民は別の地域の仮設住宅や復興公営住宅、新しく建てた住居に住んでいる。そのため、会うことができるのは漁業従事者や遺体捜索をしている人、工事関係者、震災支援の関係者が多い。

一五年三月、長面地区で永沼英夫《ながぬまひでお》さん（七〇）と出会った。一九四一年生まれの永沼さんは、中学卒業後、石巻市内で仕事をしていた。一七歳からは自宅で農業をし、一九歳になってからは群馬県で働くことになった。三五歳のころ、長面に戻った。

「震災以前から、長面地区は津波に襲われると思っていた。長面はもともと海ですから。風で運ばれた砂もあるけど、沖から（津波に）運ばれたと思われる跡が残っています」

過去の津波に関する記録がある。大川村は、明治三陸津波と昭和三陸津波で被害を受けていた。明治三陸津波では「大川村　大川村は追波の河口に臨み又其湾に面し居るも沿海民家少なかりしを以って流失家屋僅かに一戸死亡亦一人に止まれり」（宮城県海嘯《かいりょう》誌、一九〇三年）とある。

また、昭和三陸大津波では、宮城県昭和震嘯《しんりょう》誌（一九三五年）において次のように記録されている。


「昭和八年三月三日 大川村長 柴桃正實 印

石巻土木工區主任殿

被害報告ノ件

昭和八年三月三日午前三時頃海嘯襲來左記被害有之候ニ付報告候也

記

一、長面、尾崎間橋梁悉皆流失セリ

一、海岸堤防（須賀）表腹付約二十間餘欠潰
一、海門口防波堤約三十間流失埋沒セリ
追而電話同朝ヨリ不通ニ付書面ヲ以テ申上候」

また、同地区には、津波のことだと思われる言い伝えがある。

「寺に毎年、ツバメがくる。ある年、ツバメがカボチャの種を持ってきた。それを撒いたら大きなカボチャができたんですって。できたカボチャから蛇が出てきて、一夜にして大蛇になった。その大蛇が暴れて沼ができた」

永沼さんが語った話は、長面地区にある龍谷院《りゅうこくいん》に伝わる「ツバメの恩返し」の話のことだろう。ツバメが来るのは、寺の和尚がけがをしたツバメの世話をして、放してあげたからだ。水が乏しかった地域が便利になった、という話だ。

その「大蛇」は、津波のことではないかと永沼さんは考える。たしかに「津波」かもしれない。だが、この地域は台風などの低気圧でも気象が荒れ狂うことがある。真相はわからない。一九八一年、永沼さんらは「郷土を住み良くする会」を作った。当時、以下のような設立の文書を残している。

東国の辺境姿秀優
波涛一夜万人を呑む

壮士名を連ね拓心燃ゆ
千栄の大計記して会より
開かん

永沼さんによると、最初のメンバーは三人いたが、その後は四〇人ほどに増えた。高台の避難場所を作るという要望を実現するには費用がかかるため、地域として行政に要望しようとした。しかし、地域のなかで反対の声があり、実現しなかったのは前述のとおり。

ちなみに、二〇〇九年に作成されたハザードマップによると、長面地区は最大で「五メートル以上」の浸水となることが見込まれていた。宮城県沖地震を想定し、過去の昭和三陸津波やチリ地震津波の浸水域を参考にして作られた。しかし、震源や地震の規模が変われば、津波の浸水域も変動する。

避難所指定されていた「長面老人憩いの家」や「農林漁業者トレーニングセンター」、その周辺の住宅地は津波による浸水は想定されていない。ほとんどの浸水想定域は田園地帯の部分だ。まるで、住宅地を避けるかのように浸水域が設定されている。

結局、このマップはまったく役に立たず、東日本大震災でで長面地区は多くの死者を出した。津波の高さは一〇メートル前後と言われ、「小地域別にみた東日本大震災被災地における死亡者および死亡率の分布」（「埼玉大学教育学部地理学研究報告」三二号、二〇一二年）によると、長面地区は七九人、じつに地域住民の一五・六一％が亡くなった。

「もし、避難所ができていれば、多くの人が助かったかもしれない」

この永沼さんの言葉を裏付けるような事例がある。石巻市と同様に被害の大きかった東松島市。なかでも死者・行方不明が多かったのは野蒜地区《のびるちく》だ。死亡者は三二三人。地域の一二・七八％が亡くなった。その野蒜地区に手作りの避難所がある。高さ三〇メートルの岩山だが、登り口には「災害避難所（津波）」と書かれた看板を設置していた。頂上には小屋とあずま屋、展望台がある。土地の所有者である佐藤善文さんが自費で作ったものだ。東日本大震災では、七〇人がこの山に登って助かったという。

長面地区の永沼さんは、津波から郷土を守ることをあきらめているわけではない。同じ思いを持っている住民が、ほかにもいるという。そんな住民らと共に、私有地に盛り土をして、乗用車でも避難できるスペースを作ろうとしている。また、新北上川河口に東日本大震災追悼の丘として「朝日と夕日の見える丘（仮称）」を作るよう行政に働きかけている。

東日本大震災――薄れゆく人々の関心

東日本大震災と、それに伴う福島第一の事故は、日本の災害史上、稀有な規模のものとなった。いまでも、東日本大震災の話題になれば、津波が内陸まで襲っているテレビの映像の話題が出るほどだ。なかでも福島第一の事故は、世界の災害史で記録されることになろう。

もちろん、多くの事件や災害と同じように、東日本大震災も歴史の一コマになり、忘れられていくのであろうと思っていた。しかし、その忘却のスピードは、予想よりも速いと私は思う。毎月の義援金の推移をグラフ化したものがある。これを見ると、年月とともに義援金が減っていくのがよくわかる。すでに三ヶ月も経てば、震災のことは人々の関心から離れていた。

この時期、私は知人とともに、都内のある居酒屋で募金を募っていた。震災から一〜二ヶ月ごろは月に一〇万円単位で集まった。だが、三ヶ月目には月に数万円となり、半年後には月に一万円前後しか集まらなくなった。

一九九八年の那須水害は、局地的だったからか、大きく報道はされなかった。また、九五年の阪神淡路大震災のように、翌々月に起きた「地下鉄サリン事件」によって、一気に話題が吹き飛んでしまった災害もある。一方、東日本大震災は、初めてテレビで記録された大津波であり、原発がメルトダウンしたという重大な災害だ。長年に渡って語り継がれるものだと、私は考えていた。

「災害特集の雑誌は売れない」と、ある先輩ジャーナリストが言っていた。震災直後、被災地取材に旅立つ事を何人かの編集者にそのことを告げても、「震災ものは売れませんよ」と忠告された。たしかに、毎日のようにテレビで津波や原発のことを報じていれば、わざわざ本を買って読む人はいないのかもしれない。また、文字で情報を得たい人は、ネットのニュースサイトで間に合わせることも多かろう。

人々の震災関連情報を得る場所としてのニーズは、第一にネットのニュースサイトにあったのかもしれない。たとえば、ニコニコ生放送でも多くの震災ニュースが流れ、多くの視聴者を得た。私もその番

（2013年2月までは厚生労働省「義援金とその配布状況」を、それ以降は内閣府「義援金配布状況」を参照した）

組のいくつかに出演させてもらっている。

また、私はいくつかのニュースサイトで震災の記事を執筆していた。ただし、震災から三ヶ月を過ぎると、震災関連のなかでも津波被災に関するニュースのページビューが落ちていった。そして、原発事故の記事も、震災から半年過ぎたあたりからページビューが取れなくなっていた。

それでも、震災ものの書籍を作ろうとする編集者がいたので、私も何冊か共著で関わったりした。売れないと言われた震災ものであっても、何冊かはベストセラーが出ていた。編集者と書き手が、何をどう見せればよいのかをうまく話し合えれば、読者のニーズに応えることができるのだ。

人々の関心の持続性から考えれば、一つの事象が一週間や一ヶ月ほど持続すれば、まだ長いほうなのかもしれない。そう考えれば、津波被災で三ヶ月、原発事故で半年という〝長期間〟、話題として持続したのが稀だったのかもしれない。

人々の関心は多様だ。私の関心も東日本大震災や福島第一の事故だけではない。もともとは生きづらさや自殺、自傷、援助交際、依存症などを中心に取材をしてきた。ただ、震災直後の取材の体験にこだわるのは、なぜか、それを問い続ける必要があると思うからだ。

誰にでも「こだわり」はあるだろう。私は東日本大震災にこだわり、そのこだわりを様々なかたちで表現した。その表現は、震災に対する人々の「忘却」に抵抗することなのかもしれない、と今は思う。

社会学者の金菱清《かなびしきよし》は『震災メメントモリ』(新曜社)のなかで、『第一の津波』で被災民は家屋や先祖の土地を流出し肉親を亡くしたが、その後行政によって一方的に居住地を再統合されるという『第二の津波』に対して、震災を境に分断された二つの不透明な社会空間を祭礼によって色づけしなおすことによって、宙づりの自己を再定位し、自らの拠って立つ居場所を確保していた」と述べている。

東北沿岸部には、印象的な祭りが多い。それまで引き継いできた歴史と、震災での失われた命と折り合いをつける解決法として、祭りは機能している。祭りによって死者を思い、祭りによってコミュニティ全体で過去の歴史を受けとめる。それを金菱氏は「死者との個別交渉による消耗戦で精神を磨り減らす個人の負担を軽減させる実践」(同前)と捉えている。一人ひとりが死者と向き合うのはつらい。地域全体で向き合うことで、個人の精神的な負担を軽くする役割が祭りにはあるのだろう。

金菱氏は、特に震災後に生まれた岩手県宮古市浄土ヶ浜の「鎮魂の祈り」を例示して、「そもそも何もないところから始まっている。被災した地元の中小零細業主や若者たちを動かしたのは、イベント主体の復興ではなく、死者を弔うという純粋な志であった」と指摘している。

祭りは、死者を思うことであり、グリーフサポートの方法でもあった、ということだ。

被災当事者としては、そうした祭りによって引き継がれるものがある。震災前にあっただろう空間を、震災後に意味づけをし直す。金菱氏は、その一つが祭りだと指摘している。震災前から、特に岩手県沿岸部には祭りが好きな人が多いと聞いている。上京している人たちが、祭りのためにわざわざ帰る。そこまで惹きつけられるものがあり、歴史をつないでいる。

だとすれば、被災当事者ではない私ができることは、取材してきたものを記録することだった。そして、震災現場の現実を記録することで見えるものがあった。その一つが本書のテーマである、「絆」を問うということでもあった。

おわりに――「希望のあふれる物語」だけでなく

東日本大震災から五年が過ぎた。

奇しくも、震災から二〇〇〇日目となる二〇一六年八月二〇日、大型の台風が被災地を襲った。岩手県では死者一二人を出し、約一一〇〇人が孤立した（九月一日現在）。

震災を忘却したからなのか、「絆」という言葉はさほど聞かれなくなった。それでもときおり、「絆の強さ」「絆の深さ」といった言葉を目にすることがあるが、「絆」が強かったり深かったりすることが、無条件に「善」として捉えられているように感じる。

「絆」を単に「つながり」として考えてみれば、震災は「つながり」を新たに作ったとは言える。私自身、震災がなければ、つながることがなかった人は多い。とくに震災一年目には、年間の三分の二の期間を、被災地のどこかで過ごしていたのだから……。

東日本大震災の取材に私がこだわった理由の一つは、阪神淡路大震災の取材での後悔だった。当時、小学生の女の子を何度か取材した。正月にも年賀状を交換していた。しかし、当時勤めていた新聞社を辞めたことや引っ越しが重なり、いつしかつながりが途絶えた。ただ、一月一七日を迎えるたび、「あの子」のその後が気になっていた。そんなときに東日本大震災が起きたのだ。

震災後、五年経って、「あの子」とは連絡が取れた。いまだに、阪神淡路大震災のニュースに接するのを避けているという。八月六日になると広島から離れるという被爆者がいる。そんな話を、今年、被爆者の取材をするなか、広島で聞いた。思い出すことを避けているという意味で、それらの人たちの振るまいはよく似ているし、両者の心の傷は根深い。

被災地との「つながり」を考えるとき、いつも注意をしていたことが私にはある。それは、被災地外が求める「被災者」イメージを押し付けないことだ。「はじめに」でも触れたが、「絆」の意味は、もともとは「馬などの動物をつないでおく綱」だ。「強者である人間」が「弱者である動物」をつなぐことだ。「絆」の由来は、強者と弱者という不均衡な関係の上に成り立っている。

本書では、何よりも感受性の押し付けを避けたいと思った。震災後、「がんばろう！　日本」というフレーズが、「絆」という言葉とともに溢れた。多くの人が被災地に励ましの言葉を送り続けた。しかし、報道を注意深く見聞きしていたり、心理学を少しでもかじった者ならわかるが、被災者の感情は多種多様だ。励ます言葉が万人に「よきもの」として伝わるとは限らない。

たとえば、大切な人を亡くした後の感覚は、深い喪失感を抱いて泣き崩れている場合もあれば、理解できない状況に対処するため冷静に振る舞う場合もある。また、何も気にしないふりをして、復旧・復興に向けた作業や地域のボランティアに没頭することもある。

哲学者の中島義道氏は、被災地外の人々による被災地に対する「がんばろう」という掛け声について、批判的に取り上げている。

われわれが「日本人」に視点を固定させるとき、個人の苦しみは置き去りにされる。「がんばろう日本！」という掛け声に夢中になっているうちに、われわれは全体にのみ注目しているという変更に気がつかなくなる数の威力の前に「かけがえのない個人」への視点を失ってしまう」（「『がんばろう日本』という暴力」「新潮45」二〇一一年六月号）

被災の仕方や状況は、個人によって違う。何も影響がなかった人もいる。他方、家を失った人、家族を失った人、恋人を失った人、友人を失った人、ペットを失った人、思い出を失った人……様々な喪失の形があった。そうした喪失の感情を「グリーフ」と呼ぶが、単純な一つのメッセージで喪失した人々を励ますのには無理がある。キャンペーンだから仕方がない点があるが、「がんばろう」とか「絆」といった言葉は、掛け声として使うのには配慮に欠けていたのではないか。

被災地外から取材する私が、自分に都合のよい被災者のイメージを抱いた上で取材することなど、けっしてできない。私に「絆」の意味を教えてくれて、取材の姿勢を考えさせてくれた福島県の被災者には、あらためて感謝したい。

また、震災後に起きた「脱原発」運動に、私は違和感を抱いていた。運動をする側の人々の、〝安全であってほしい〟とか〝安全ではなくなった〟と、東京から被災地を眺めるような目線を、つねに感じてきたからだ。私も九〇年代には、「反原発」運動に少しだけ関わっていた。当時の運動のイメージは、エネルギー消費自体をいかに抑えるのか、原発立地地域をいかに理解するか、原発以外の産業で地域を成り立たせる方法は何か、などを模索していたように思う。もちろん、震災後に起きた「脱原発」運動に、そうした視点がゼロではないだろう。

「脱原発」に違和感を抱くそもそものきっかけは、震災取材から東京に戻るたびに、夜の街が明るくなってきたことだった。そして、震災から数ヶ月も経つと、「原発の電気がなくても、電気が不足しない」という言説が強くなった。だからこそ、徐々に夜の街に電気が戻っていくのだ、と。震災の記憶を忘れるかのように……。

「原発の電気がなくても、電気が不足しない」という話は、現時点ではその通りだと言える。震災後、国内の原発はほとんど稼動していなかった。その一方で、日本の電力を火力発電がまかなった。ただし、火力発電は、エネルギーの自給が今後も継続できるのか、排出ガスが増えないのか、その排出ガスによる温暖化はしていくのか。こうした問いへの答えが、「脱原発」運動の側からは伝わってこない。

「原発をなくせばいい」という素朴な心情は理解できる。しかし、立地町にとって最大の産業であったものに代替する何らかの産業を提案・提供できるのか。そんなことまでは考えていないように、私の目には映ってしまった。つまり、原発がなければ、立地地域が経済的に成り立たなくても、東京さえ機能していればよい、とも聞こえるのだ。

ある東京在住の編集者は、こう言っていた。「地域が成り立たないのなら、みんな東京に移り住めばいい」。経済合理性だけで見れば、当たっているのかもしれない。しかし、そこでしか成り立たない文化や営みが存在する。移住すればいいという発想が強ければ、すでに被災地の人口はゼロになっているはずだ。それでも地域に残ろうとする営みを理解しようとする。そんな想像力を持つことがたいせつなのではないか。

これは原発事故のことだけではない。津波後にどう地域を再建するのかという話をするとき、被災地外に住む人からすれば、「どうせまた津波がくるのに、なぜ同じ場所に住むのか？」と考える人もいるであろう。私もそう思ったことがある。東日本大震災の前にも、東北地方は明治三陸津波と昭和三陸津波、チリ地震津波という大きな津波を、三度も経験しているのだから。それでも離れられない、あるいは住み続けたいという人がいるのには、何らかの事情や心情があるに違いない。そして、取材を進めていくと、その事情や心情が少しずつ私にもわかるようになってきた。

震災発生から間もないころ、南三陸町で自宅の復旧作業をしていた男性（五九）と出会って、こんな会話をした。

「子どもの頃にも津波が来た。これで二回目だ。もう一回（津波が）来ると思う」

「移転は考えないのですか？」

「ここは、ふるさとだから」

暮らしていた場所が盛り土の対象となったため、実際には彼はその土地を離れた。しかし、彼にとっては、津波で被災したとしても、そこは住み続けたい「ふるさと」なのだ。

東京だけ安全であればいい――。「はじめに」で触れたアニメ「新世紀エヴァンゲリオン」の監督である庵野秀明《あんのひであき》氏。庵野氏がメガホンをとった映画『シン・ゴジラ』のなかで、こんなシーンがあった。ゴジラ対策として多摩川《たまがわ》を防衛ラインとする作戦が展開されようとしていた。そのとき、内閣記者会の記者が首相官邸と思われる場所で雑談をしている。日本の人口と富が集中していることを理由に、地方は犠牲になってでも首都防衛が優先され、「東京さえ守ればいい」といった内容だ。

「被災地での物語」は、最大の消費地である東京圏での消費に合わせた〝加工〟がなされる傾向がある。被災地に「希望あふれる物語」があったことは事実だが、そうした物語は偏った「被災者」のイメージを、読者や視聴者に押し付けがちである。

もちろん、「絶望的な物語」を含めて報じようとする努力もなされている。NHKの「東日本大震災アーカイブス～証言ウェブドキュメント～」はその一つだ。そのアーカイブには、「希望あふれる物語」と「絶望的な物語」の両方が詰まっている。視聴率が前提の番組作りでは、できないものだ。NHKの存在価値が現れている。

被災者の「希望あふれる物語」を押し付けてしまった結果、事実がねじ曲がって伝わることがある。いわゆる「釜石の奇跡」の報道である。震災時、岩手県釜石市内の小・中学生の生存率は九九・八パーセントであった。そして、その小・中学生がとった避難行動について、いつしかそう呼ばれるようになった。

「学校管理下では子どもの被害はゼロ」と聞いた。地震が起きたときに、学校にいた子どもたちは、すばやく避難行動をして、高台に避難したのだ。地域の人たちとともに、近くの小中学校の児童生徒たちが連動して避難した。学校にいた子どもたちの避難行動は賞賛できると思った。釜石市では、津波防災教育をしており、その成果が出たという印象だった。しかし同時に、「学校管理外はどうだったのか?」と疑問に思った。

避難をした当事者の中学生に聞くと、状況判断をきちんとして、主体的に判断したわけではないこともわかった。子どもたちの自主的な判断によるとの報道もあったが、教員の指示を聞いて避難をしたことや、一度目に避難した場所で崖が崩れたために、地域の人から「危ない」と指摘され、高台に避難したことがわかった。学校にいたから助かったわけで、もし帰宅していたら……。

また、取材を進めるなかで、釜石東中で亡くなった中三の女子生徒の存在を知った。震災当日、彼女は風邪で学校を休んでいた。そして、病院帰りの避難中に亡くなった。美談の影で、こういう話は表に出てこない。

このように、「奇跡」ともてはやされた影で、亡くなった子どもがいることは忘れてはならない。では、なぜこの避難行動が「釜石の奇跡」と呼ばれたのであろうか。震災から一年経ったころ、釜石市役所防災課の職員に聞いてみた。

「私たちは、『奇跡』とは言っていない。釜石市内の小・中学校では、震災前から津波防災教育をしてきた。こうした『軌跡』があったから、避難ができたのではないかと新聞社の取材に答えただけだ。もし、私の言葉をもとに『釜石の奇跡』という言葉が生まれたのならば、使う漢字をまちがっている」

この証言が事実であれば、記者の聞き違いで「釜石の奇跡」が誕生したことになる。というか、勘違いしたほうがメディアには都合がよかったのだろう。「希望あふれる物語」における「理想的な子ども」のページを飾るのには。一方、当事者の中学生たちは「奇跡なんかじゃない」と口をそろえ、メディアが「釜石の奇跡」とはやしたてることを嫌がっている印象だ。彼らは、けっして「釜石の奇跡」という言葉を使わないと言っていた。

被災地における「希望あふれる物語」は、他にもいろいろあるだろう。そして、この五年間の取材を通じて、そうした「物語」を前提にして、被災地と被災地外の「絆」が叫ばれているように感じた。また、大学生と東日本大震災の話をするなかで、「犠牲」という言葉にも違和感を抱くようになった。『大辞泉』には「災難などで死んだり負傷したりすること」とある一方、本来の意味は「神、精霊などをまつる時に供える生き物。いけにえ」だと書かれている。「絆」という言葉にこだわった本書では、「犠牲」という言葉にもこだわり、できるだけ使わないよう、校正時に削除した。

本書作成にあたっては、皓星社の谷川さんには大変お世話になった。また、この五年間、震災取材を継続できたのは、メディアでの発表の機会があったからだ。「日刊ゲンダイ」「電経新聞」「フライデー」「週刊ＳＰＡ！」「週刊ポスト」「アサヒ芸能」「週刊女性」「女性自身」「宝島」「週刊金曜日」「月刊潮」「月刊地域保健」「月刊高校教育」「月刊部落解放」「ビジネスメディア誠」「ニュースカフェ」「ジョルダンニュース」「東京ブレイキングニュース」「ビジネスジャーナル」「トカナ」「ＴｈｅＰａｇｅ」の各編集者には感謝したい。さらに、「福祉新聞」と取材同行を、三陸地方の情報誌「Ｒｅｂｏｒｎ」

では一ヶ月ほど取材・執筆・編集を、ＴＢＳラジオ「デイ・キャッチ」ではレポートをさせていただくなど、貴重な体験をさせていただいた。そして、何よりも取材に協力していただいたすべての方に、お礼を申しあげたい。

被災者ではない私のこの本も、できるならば東日本大震災とそれに伴う原発事故について語り継ぐ役割を、少しでも担えたらと思っている。

二〇一六年九月　東京都新宿にて

渋井哲也

著者略歴

渋井哲也（シブイ・テツヤ）

1969 年、栃木県那須町生まれ。フリーライター。 若者の生きづらさ、自殺、自傷行為、家出、援助交際、少年犯罪、いじめ、教育問題、ネットコミュニケーション、ネット犯罪などを取材。また、東日本大震災やそれに伴う原発事故に関する取材を重ねている。

著書に『自殺を防ぐためのいくつかの手がかり』（河出書房新社）、『明日自殺しませんか?』（幻冬舎文庫）、『ウェブ恋愛』（ちくま新書）、『ネット心中』（NHK 生活人新書）、『チャット依存症候群』（教育史料出版会）、『若者たちはなぜ自殺するのか』（長崎出版）など。震災関連の共著に、『復興なんて、してません』（第三書館）、『震災以降』（三一書房）、『風化する光と影』（マイウェイ出版）、『3.11 絆のメッセージ』（東京書店）、『3.11 噂と真実』（スコラマガジン）など。

著者ホームページ「お元気でクリニック」 http://shibuitetsuya.news.coocan.jp

著者ブログ http://ameblo.jp/hampen1017/

Twitter @shibutetu

情報提供と問い合わせは、電子メール hampen1017@gmail.com

絆って言うな！

東日本大震災―復興しつつある現場から見えてきたもの

2016年10月15日　初版発行

著者　渋井哲也

編　集　谷川　茂

発行者　藤巻修一

発行所　株式会社 皓星社
〒101-0051　東京都千代田区神田神保町 3-10
電話 03-6272-9330
e-mail info@libro-koseisha.co.jp
ホームページ http://www.libro-koseisha.co.jp/

ブックデザイン　米村　緑（アジュール）
印刷・製本　精文堂印刷株式会社

定価はカバーに表示してあります。落丁・乱丁本はお取替えいたします。
© SHIBUI Tetsuya, Printed in Japan.
ISBN 978-4-7744-0622-0 C0036